Karin Kneissl

WACH ABLÖSE

Auf dem Weg in eine chinesische Weltordung

„Das Konzept ‚Ein Gürtel und eine Straße‘,
genauer gesagt der Aufbau des Wirtschaftsgürtels entlang
der Seidenstraße und der maritimen Seidenstraße
des 21. Jahrhunderts,
verspricht eine Win-Win-Situation für alle Beteiligten.“

Chinas Staatspräsident Xi Jinping

Inhalt

Vorwort

Die Ausrichtung der weltweiten Handelsströme, der Pipelines und der Airlines dreht sich. Von West nach Ost. China hat mit seinem Seidenstraßenplan „One Belt, One Road" das weltweit größte Infrastrukturprojekt der letzten Jahrzehnte gestartet und engagiert sich verstärkt in Afrika und dem Nahen Osten. Die Europäer spielen bei diesen zukunftsweisenden Vorhaben, bei der Verschiebung der globalen Machtverhältnisse und Einflusssphären nur noch eine Nebenrolle. Europäische Verantwortungsträger und Meinungsführer sind oftmals sogar mit der richtigen Beurteilung dieser historischen und politischen Entwicklungen überfordert.

Auch die USA ziehen sich – nicht erst seit Donald Trump - aus immer mehr Weltregionen zurück, konzentrieren sich wieder auf ihr eigenes Land. In dieses machtpolitische Vakuum stößt das immer selbstbewusster werdende China vor. Ohne Peking geht nichts mehr. Europa steht am Abstellgleis. Im 19. Jahrhundert bestimmten die europäischen Kolonialmächte die Weltpolitik, das 20. Jahrhundert war jenes der Amerikaner. Nun stehen wir erneut vor einem Zeitenwechsel, befinden uns auf dem Weg vom transatlantischen ins pazifische Zeitalter. Die neue Ära ist längst angebrochen. Diese Wachablöse findet von der europäischen Öffentlichkeit weitgehend unbemerkt statt. Sowohl Politik als auch Medien sind mit den Krisen innerhalb und an den Rändern der EU, mit der politischen Durchdringung und Reglementierung aller Lebensbereiche der Bürger und der permanenten Beobachtung Washingtons dermaßen ausgelastet, dass man darüber hinaus ganz auf den Blick über den westlichen Tellerrand Richtung Osten und Süden vergessen hat. Erst jetzt, angesichts des sich aufbauenden Migrationsdruckes, begreift Europa, welche Bedeutung die Entwicklung Afrikas für seine eigene Zukunft hat, zu einer Zeit, da China längst erfolgreich seine Interessen in dieser Region vertritt und dabei ist, Afrika zu seiner verlängerten Werkbank zu machen. Nicht europäische Entwicklungshelfer, sondern chinesische Investoren und Firmen modernisieren den afrikanischen Kontinent. Auch im arabischen Raum gibt China zunehmend den Ton an, wenn auch diskret und im Hintergrund.

Dass die europäischen Politiker von diesen Entwicklungen kaum etwas mitbekommen, sie unterschätzen, ignorieren bzw. ihnen konzept- und tatenlos zusehen, liegt unter anderem daran, dass in Brüssel und vielen europäischen Hauptstädten geopolitisches Denken kaum eine Rolle spielt. Während europäische Politiker bestenfalls bis zum nächsten Wahltermin planen, denkt man in Peking in völlig anderen zeitlichen und geographischen Dimensionen. Das ist einer der Gründe, warum Europa zunehmend ins Hintertreffen gerät.

All diese Entwicklungen beschreibt und analysiert Karin Kneissl in diesem Buch. Sie will die Leser sensibilisieren, dass wir längst auf eine neue, eine chinesische Weltordnung zusteuern. Mit ihrem Buch will die Autorin ein Bewusstsein auch in unseren Breiten dafür schaffen, welch bedeutende Rolle China auf der politischen Weltbühne künftig spielen wird, was das für Europa, für unsere Zukunft bedeutet und wie wichtig geopolitisches Denken und Handeln sind.

Karin Kneissl, die den meisten Menschen im deutschsprachigen Raum vor allem als Nahost-Expertin aus Zeitungen und Rundfunk bekannt ist, beschäftigt sich seit rund 20 Jahren mit den Rohstoffen Erdöl und Erdgas und mit ihrer geopolitischen Dimension. Dabei wurde sie immer öfter mit der Rolle Chinas konfrontiert, das im Zuge seines rasanten wirtschaftlichen Aufstiegs zum weltweit größten Erdölimporteur wurde. Seit Mitte der 1990er Jahre hat Peking unbemerkt aber erfolgreich rund um den Globus Konzessionen erworben und bestimmt nunmehr den weltweiten Rohstoffhandel. Ohne China geht in der internationalen Energiepolitik nichts mehr. So wuchs auch das Interesse Kneissls an der Rolle Chinas, so entstand die Idee zu diesem Buch.

Auf den folgenden Seiten beschreibt sie kenntnisreich und kompakt den Aufstieg Chinas und die von Peking angestrebte weltweite Führungsrolle, sie analysiert die globalen machtpolitischen Verhältnisse ohne eurozentristische Filter und europäische Selbstüberschätzung. Karin Kneissl hilft dem Leser mit Blick auf den Fernen Osten die tatsächliche Bedeutung und die Zukunft der EU innerhalb eines neuen, größeren Bezugsrahmens einzuordnen, rückt das von Hypermoral, Weltrettungsphantasien und missionarischem Eifer verzerrte europäische Selbstbild wieder zurecht. Denn die Weichen für die globale Zukunft werden künftig nicht in Brüssel, Washington, Berlin oder Paris, sondern in Peking gestellt. Die vorliegende Analyse birgt für viele eine schmerzhafte Erkenntnis: Europa hat seine Führungsrolle abgegeben und ist vom Zentrum an die Peripherie abgedrängt worden, ist nur noch das westliche Anhängsel Eurasiens.

Werner Reichel
Verlag Frank&Frei

Von der Werkbank der Welt retour zum Reich der Mitte

Will man die Position Chinas in der Weltwirtschaft begreifen, dann gilt der Spruch des chinesischen Staatsmannes Deng Xiaoping in aktueller Version: „Alles wird viel, wenn man es mit 1,4 Milliarden multipliziert und alles wird wenig, wenn man es durch 1,4 Milliarden dividiert."[1] Zwar ist China in absoluten Zahlen der wichtigste Erdölimporteur, doch der Pro-Kopf-Verbrauch von Treibstoff fällt niedrig aus. Ist China ein Entwicklungsland, wie manche Statistik vermuten lässt, oder aber der große Investor, gar die neue Kolonialmacht auf dem afrikanischen Kontinent? Angesichts des außenpolitischen Engagements, vor allem im Namen des Energiebedarfs, ist China nicht mehr bloß die verlängerte Werkbank der Welt. Selbstbewusst tritt Peking als Finanz- und Machtzentrum auf, das Gipfelkonferenzen ebenso ausrichtet wie diskret im Hintergrund die Strippen zieht.

Die Wirtschaftskraft verleiht der chinesischen Diplomatie neues Gewicht. Gegenwärtig orientiert sich das Riesenreich wirtschaftlich neu. Demnach soll die industrielle Produktion dem Sektor Dienstleistung, v. a. auch der Hochtechnologie, den Vortritt geben. Ob alles nach Plan des Zentralkomitees der Kommunistischen Partei verläuft, hängt letztlich auch von der inneren sozialen Ruhe ab. Denn 1,4 Milliarden Menschen benötigen Perspektiven und soziale

[1] *Deng Xiaoping führte die VR China von 1979 bis 1997 und zeichnet für die Öffnung des Landes und den Aufstieg zur Wirtschaftsmacht verantwortlich. Er machte diese Rechnung noch mit einer Milliarde Chinesen.*

Absicherung, dann hat China den Rücken frei und kann weltpolitisch mitgestalten.

Das Projekt der neuen Seidenstraße, das China auch seine „Go West"-Strategie nennt, ist jedenfalls mehr als die Summe gewaltiger Investitionen. Es handelt sich um ein sorgsam geplantes geopolitisches Vorhaben. Denn die Wirtschaftsmacht China sieht sich zusehends wieder in der Rolle des imperialen „Reichs der Mitte", das zivilisatorisch dem Rest der Welt überlegen ist. Die Chinesen besitzen für ihr Land keinen eigenen Namen. Sie sprechen nur von „Zhong Guo", dem „Reich der Mitte". Das halten sie für eine vollendete Zivilisation. Die Bezeichnung „China" erfanden Europäer, sie leiteten ihn lautmalerisch von der Herrscherdynastie der Qin (246 bis 207 v. Chr.) ab.

Die Frage lautet: Wird sich China damit zufriedengeben, eine einflussreiche Macht in einer multipolaren Welt zu sein, oder strebt China nach Hegemonie? Gab es einst pro-britische, später pro-US-amerikanische Regierungen versus Pro-Moskau-treue Vasallen, so könnte vielleicht in absehbarer Zukunft ein pro-chinesischer Oberst auf der Arabischen Halbinsel Politik und Erdölallianzen bestimmen. Die These dieses Essays lautet also: China entscheidet die geopolitischen Umbrüche unserer Zeit mit. Auch wenn China keine weltpolitische Verantwortung anstrebt – den USA fiel diese Rolle 1945 ebenso eher zu – so scheinen doch immer mehr Hebel der Diplomatie, ob es um den Aufstieg Afrikas, Krieg in Syrien oder die Ausrichtung internationaler Organisationen geht, in Peking angesiedelt zu sein.

Das 19. Jahrhundert war ein europäisches. Um 1900 lag der Anteil Europas an der Weltbevölkerung bei 25 Prozent. Die Welt wurde auf den Kabinettstischen der europäischen Kolonialmächte aufgeteilt.

Menschen, Waren und Ideen, wie den Nationalstaat, exportierte Europa in den Rest der Welt. Mit dem Ende des Ersten Weltkriegs begann der dramatische Abstieg Europas, die USA füllten langsam das Vakuum auf, das die Europäer vom Suezkanal bis Indochina und in Subsahara Afrika als Kolonialerbe mit viel historischem Ballast und bis heute teils andauernden Grenzkonflikten hinterlassen hatten. Nach 1945 rückten die USA definitiv in die Position der neuen Ordnungsmacht ein, wobei mit dem Fortschreiten des Kalten Kriegs Washington und Moskau gleichsam die Welt untereinander in Einflusszonen aufteilten. Die Zerstörung Europas übertraf jene von 1918. Mit dem Aufbau der NATO, des Nordatlantikpaktes, begann das transatlantische Zeitalter, in dem die USA den Takt vorgeben und bis heute die wesentliche Last tragen, und von dem die NATO-Verbündeten profitieren. US-Präsident Trump formuliert nur härter, was seine Vorgänger diskreter ansprachen: Die Europäer müssen ihren Anteil übernehmen. Die Wehretats der Europäer, v. a. Deutschlands, werden kaum in dem Umfang wachsen, wie dies von Washington gefordert wird. Und mit dem Brexit verabschiedet sich ein Staat, der nicht nur über Seestreitkräfte, sondern auch über relativ effektive Nachrichtendienste verfügt. Großbritannien streckt indes seine Fühler konsequent nach Asien aus, wobei die diplomatischen und wirtschaftlichen Strukturen des Commonwealth, also des einstigen britischen Kolonialreiches, sich neuerlich als nützlich erweisen.

Dass die Zukunftsmusik nicht in der Europäischen Union spielt, hat sich herumgesprochen. Denn nach diversen Erweiterungsrunden und einer Dekade Euro-Krise sowie vielen inneren Gräben ist die EU permanent mit sich selbst beschäftigt und vergisst den Rest der Welt. Der Aufstieg Chinas als geopolitischer Akteur wurde aus europäischer Sicht, mit Ausnahme Londons, der Schweiz und auch Ungarns, kaum beachtet. Die drei letztgenannten spielen im aktuellen Verlauf der Seidenstraße jeweils eine wichtige Rolle. Im Juli 2014 trat das Freihandelsabkommen zwischen der Schweiz und China in Kraft. Die Schweiz ist das erste kontinentaleuropäische Land, das mit China über ein solches Abkommen mit privilegiertem Zugang zum chinesischen Markt verfügt. Dies könnte ein Wettbewerbsvorteil gegenüber Konkurrenten aus der EU und den USA sein. Der Schweizer Unternehmerverband sieht das Abkommen gemeinsam mit dem Renminbi-Hub als Meilenstein für Schweizer Firmen.[2] Der Rohstoffhandel, in dem der Schweizer Finanzplatz eine wichtige Rolle spielt, ist hierbei ein wesentliches Geschäftsfeld, denn die Nachfrage aus China ist die weltweit wichtigste für Rohstoffe aller Art.

Auf EU-Ebene hadern die Europäische Kommission als Beamtenapparat und der Europäische Rat als politisches Organ, wie man mit China umgehen möchte. Allein die offizielle Einladungsliste zum Seidenstraße-Gipfel am 14./15. Mai 2017 zeigt deutlich, welche Regierungen aus Europa eingebunden sind. Hierbei führen die Schweiz, Ungarn, Tschechien, Spanien, Italien und Großbritannien mit ihren Delegationen. Die österreichische Bundesregierung ließ sich kurzfristig entschuldigen.[3] Chinesische Gastgeber merken sich unhöfliche Akte. Die Bedeutung Chinas als geopolitischer Akteur

[2] *Die China Construction Bank hat von der chinesischen Zentralbank (People's Bank of China) die Bewilligung erhalten, in der Schweiz als Clearing-Bank für Transaktion in der chinesischen Landeswährung Renminbi zu fungieren. Umwege über den US-Dollar oder über den Finanzplatz Hongkong erübrigen sich.*

[3] *Die Regierung wäre durch den sozialdemokratischen Infrastruktur-Minister Jörg Leichtfried vertreten gewesen, der aber letztlich nicht teilnahm, da der Koalitionspartner ÖVP den Parteichef wechselte. Dies allein zeigt, wie wenig sensibel und kopflos die österreichische Bundesregierung von SPÖ und ÖVP mit China umgeht.*

wird von Regierungen auf der südlichen Halbkugel verstanden, nicht aber auf gesamteuropäischer Ebene. Denn Afrika-China-Gipfeldiplomatie ist seit bald zehn Jahren nicht mehr die Ausnahme, sondern politische Praxis. Aus europäischer Warte hingegen hat man den Eindruck, dass erst aufgrund der massiven Migrationsbewegungen vom afrikanischen Kontinent in Richtung Europa über die vielen Mittelmeer-Routen das Bewusstsein der geographischen Nähe zwischen den Küsten Afrikas und jene Europas entstanden ist.

Interessanterweise verfügt das österreichische Außenministerium über eine eigene Abteilung zum interreligiösen Dialog, den die Glaubensgemeinschaften betreiben und der nicht Aufgabe der Diplomatie sein sollte. Es fehlt aber in Österreich an institutionellen Antworten auf die internationalen Herausforderungen infolge des Aufstiegs Chinas. Schweizer und Briten sind hier viel intensiver tätig, zumal Entscheidungsträger bzw. zuständige Mitarbeiter – „decision-shapers" im englischen trefflich den „decision-makers" vorangestellt – in London und in Bern die jeweils nationalen Interessen gegenüber China abstecken. Auch hier zeigt sich, dass bilaterale Maßnahmen in Ermangelung eines koordinierten multilateralen Vorgehens effektiv sind. Leichter sollten sich grundsätzlich die USA tun, zumal hier von Großmacht zu Großmacht bilateral verhandelt wird.

In der Mitte der 1980er Jahre zeichnete sich bereits in einigen US-Zirkeln der Wunsch ab, stärkeres Augenmerk dem pazifischen Raum zu widmen.[4] Doch mit dem Jahr 1989 erstarkte noch einmal das transatlantische Engagement der USA. Die Osterweiterung der

---

[4] *Gespräche mit Botschafter Robert Neumann, Senior Fellow am CSIS (Center for Strategic and International Studies) in Washington, D.C., Herbst 1988.*

NATO erschien zudem vielen Staaten des ehemaligen Ostblocks viel wichtiger als der nachfolgende Beitritt zur EU. Die USA waren als europäische Ordnungsmacht gefordert, das postkommunistische Russland lag danieder und die einst bipolare Welt drehte sich jetzt nur mehr um den einen US-Pol. Die 1990er galten schlechthin als eine Hochzeit der USA. Der Kalte Krieg war abrupt zu Ende gegangen, und einige Jahre USA als einsame Weltmacht sollten folgen. Mit der Finanz- und Weltwirtschaftskrise begannen ab 2007 die Kräfteverhältnisse sich zu verschieben. Die USA zogen sich da und dort aus kostenintensiven Operationen zurück, ob im Nahen Osten oder auf dem afrikanischen Kontinent. Es waren die von der chinesischen Regierung initiierten Konjunkturprogramme, welche die Weltwirtschaft am Laufen hielten. Peking übernahm die teure Rolle der Lokomotive.

Nunmehr tritt China selbstbewusst als Investor, politische Großmacht und viel umworbener Partner auf. Als Mitte Mai 2017 offiziell das „Projekt des Jahrhunderts", also die „One Belt One Road" Großinvestition der Volksrepublik China, vorgestellt wurde, befanden sich die USA in der Rolle des Zuschauers, nicht aber des Partners auf Augenhöhe. Denn die USA erwecken ähnlich wie die EU den Eindruck, in erster Linie mit sich selbst beschäftigt zu sein.

Gegenwärtig haben wir erstmals in der Geschichte die Situation, dass die (noch) erste Wirtschaftsmacht der Welt, also die USA, der größte Schuldner der (noch) Nummer Zwei, nämlich China, ist. Dies erzeugt eine Spannung, die nicht zu unterschätzen ist. Zwar kauft China nicht mehr US-Staatsanleihen, wie dies noch vor den Turbulenzen auf den Finanzmärkten 2008 der Fall war, aber die wechselseitige Abhängigkeit schafft eine Verwundbarkeit, zumal die chinesische Zentralbank auf einem Paket von US-Staatsanleihen sitzt. Den Berg von einst einer Billion US-Dollar reduziert China konsequent. Seit Juni 2016 hat Peking das Volumen seiner Kredite um mehr als 200 Milliarden US-Dollar verringert. China und Russland wenden sich gleichermaßen vom US-Dollar als Reservewährung ab und setzen verstärkt auf Gold als Devisenreserve.

Die aufstrebenden Länder, wie die „emerging industries" auf Deutsch genannt werden, emanzipieren sich stetig mit eigenen Strukturen von den USA. Dazu zählen die Asian Infrastructure Investment Bank AIIB als Alternative zur Weltbank, die New Development Bank als das Gegenstück zum Weltwährungsfonds IWF oder CIPS als asiatische Variante des Zahlungssystems Swift.

Wäre es den USA gelungen, Mitte der 1980er Jahre im asiatisch-pazifischen Raum als Wirtschafts- und Ordnungsmacht aufzutreten und ihren Radius mit alten und neuen Verbündeten auszubauen, müssten sie gegenwärtig nicht den Aufstieg Chinas ratlos verfolgen. Denn die Volksrepublik China, de jure eine kommunistisch regierte Planwirtschaft, spielt selbstbewusst auf der Weltbühne als politische und nicht bloß wirtschaftliche Macht mit. Die USA hingegen verlieren an wirtschaftlichem Einfluss und ziehen sich aus Regionen zurück, in welche China und andere asiatische Staaten still und erfolgreich einrücken.

Diese Entwicklung reicht in die 1990er Jahre zurück, als Chinas Energiebedarf wuchs und chinesische Staatsunternehmen Konzessionen von Kupferminen bis Erdölfeldern erwarben, die niemand anderer kaufen wollte. Der Sudan reiht sich hier ebenso ein wie viele andere Wirtschaftsprojekte auf dem afrikanischen Kontinent. Aus einer diskreten Konkurrenz zwischen den USA und China wird zunehmend eine geopolitische Rivalität, die sich möglicherweise an Regionalkonflikten im Südchinesischen Meer entzündet, aber auch als Wirtschaftskrieg ausgetragen werden könnte. Eines darf bei diesem Umbruch nicht außer Acht gelassen werden: Europa und die USA überschätzen ihre Bedeutung in der südlichen Hemisphäre, wo längst schon asiatische Handelspartner die wesentlichen Niederlassungen errichtet haben und an Zulauf gewinnen.

Dieser Essay unternimmt eine aktuelle Bestandsaufnahme dieses Epochenwechsels, der meist unbeachtet im Schatten der vielen anderen Krisen stattfindet. Wo für das Verständnis erforderlich wird ein historischer Rückblick unternommen. Denn gerade für das chinesische Selbstbild, immerhin die älteste Staatsnation der Welt, wiegt die Geschichte besonders. Ein Blick in die Zukunft mit möglichen Empfehlungen an nationale Entscheidungsträger, die im Korsett der EU Außen- und Wirtschaftspolitik stecken, wird diesen Text abschließen.

G2 oder doch Weltpolitik
„Made in China"?

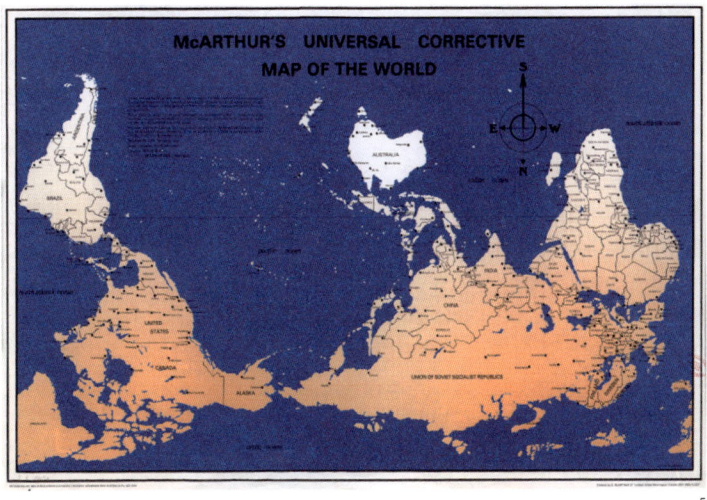

5

Dreht man die Weltkarte auf den Kopf, so ändert sich rasch der Blick auf die Welt. Der Australier Stuart McArthur erstellte im Jahr 1979 eine solche Karte, wobei sehr zur Freude der „Aussies" Australien plötzlich im Zentrum und nicht mehr an der globalen Peripherie aufscheint. Diese kartographische Darstellung der Welt zeigt nicht nur das geographisch verschwindend kleine Europa als ein Anhängsel der eurasischen Landmasse, sondern auch die Mächtigkeit des pazifischen Raumes, umrandet u. a. von den USA und China. In der Tradition unseres eurozentrischen Weltbilds pflegen

---

5 http://mapdesign.icaci.org/2014/02/mapcarte-38365-mcarthurs-universal-corrective-map-of-the-world-stuart-mcarthur-1979/

wir immer noch einen anderen Blick auf den großen Rest der Welt. Offenbar sitzt dieser Blick so tief, dass wir allen Umbrüchen zum Trotz in Selbstüberschätzung der eigenen Bedeutung und gefährlichen Unterschätzung der zukünftigen Rolle der asiatischen Mächte leben.

Der pazifische Raum, der sich von Japan, dem Wirtschaftswunder der 1980er Jahre, über die chinesische Ostküste bis nach Indonesien und Australien erstreckt, ist aber nicht nur seit geraumer Zeit das Schlagwort für Investoren, sondern riskiert auch zusehends zum möglichen Schauplatz einer ernsten Auseinandersetzung zwischen Ost und West zu werden. Dossiers, wie Taiwan und Nordkorea, beherrschen seit Jahrzehnten die Nachrichten. Hinzu gesellen sich noch die vielen anderen möglichen Stellvertreterkriege, wie die schwelende Krise rund um Territorialansprüche Japans und Chinas. Die unbewohnte Senkaku/Diaoyu-Inselgruppe befindet sich in Erdgas reichen Regionen. Sollte Japan von China angegriffen werden, müssten die USA aufgrund der Militärallianz einschreiten. Die Senkaku-Inseln werden von Japan kontrolliert, Peking sieht die als Diaoyu bezeichnete Inselgruppe als seine Territorien und installierte 2013 eine Flugüberwachungszone. Damals verkündete das chinesische Verteidigungsministerium: Flugzeuge, die das Gebiet passieren wollen, müssen sich bei Chinas Behörden anmelden. Bei Unterlassung drohen militärische Maßnahmen.

Das chinesische Meer ist eine Ansammlung von Grenzkonflikten, die sich von der südlichen Meerenge von Malakka, strategisch bedeutsam für die Versorgung Chinas durch Containerschiffe, bis hinauf zu den Südkurillen zwischen Russland und China zieht. China schafft Fakten. Dazu gehören auch die künstlich aufgeschütteten Inseln, wo Flugplätze gebaut werden, mit denen sich dann Peking wiederum die Lufthoheit sichert. Japan reagierte zuletzt auf diese

Dekade von wechselseitiger Eskalation mit einer Volte seiner Strategie, nämlich weg von der Territorialverteidigung hin zur großräumigen Seegebiets- und Inselverteidigung. Japan will mit neu aufgebauten amphibischen Brigaden auf mögliche Invasionen im Stile eines Blitzkriegs vorbereitet sein.[6]

Sowohl die Philippinen als auch Thailand und einige andere einstige enge Verbündete der USA orientieren sich an China. Der loyalste Partner der USA ist nunmehr Vietnam, das als unmittelbarer Nachbar und infolge bitterer historischer Erfahrungen China als wesentlichen Rivalen sieht und auf die Schutzmacht USA vertraut, auch wenn die Kriegsgräuel der US-Armee in der Bevölkerung nachwirken.

Als 1988 George Herbert Bush, Vizepräsident unter Ronald Reagan, neuer US-Präsident wurde, trat auch ein Fachmann für China an. Bush hatte als vormaliger Direktor der CIA immer wieder mit dem China-Dossier zu tun und wirkte zudem als inoffizieller Vertreter der USA in Peking 1974/75, bevor es 1979 zur offiziellen Aufnahme diplomatischer Beziehungen kam.[7] Während China zehn Jahre Öffnungspolitik hinter sich hatte, die Auslagerung der verarbeitenden Industrie aus den USA und Europa zu chinesischen Fabriken im Gang war, verfügten die USA noch über die wirtschaftliche und militärische Dominanz im Pazifik. Daran hatten vor allem die US-Verbündeten, wie Japan, damals noch Wirtschaftsmacht Nummer Zwei, ihren Anteil. Die Sowjetunion befand sich hingegen unter dem neuen Vorsitzenden der Kommunistischen Partei, Michail

[6] *http://www.faz.net/aktuell/politik/ausland/hubschrauber-traeger-kaga-japans-neue-faust-im-inselstreit-14939568.html abgerufen am 25. 5. 2017*

[7] *The China Diary of George H. W. Bush: The Making of a Global President, Hrsg. Jeffrey A. Engel, Princeton University Press 2008.*

Gorbatschow, in fundamentalem Umbruch und mischte weltpolitisch kaum mit.

Der Plan einiger Präsidentenberater von G. H. Bush war, die US-Pazifikküste mit dem asiatischen Raum wirtschaftlich zu verbinden. San Francisco und Shanghai sollten demnach eine Achse des Handels und vielleicht auch politischer Zusammenarbeit bilden. Die Idee eines „Pacific rim", also transpazifischer Zusammenarbeit, wurde in den 1980er Jahren zudem in US-Universitäten als zukünftige Ausrichtung der US-Außen- und Wirtschaftspolitik unterrichtet. G. H. Bush wusste, dass die Öffnung des kommunistischen Staates, die Deng Xiao Ping 1979 begonnen hatte, große Handelschancen in sich barg und wollte nicht das Heft aus der Hand geben. Doch dann wurde Washington, ähnlich wie die meisten Staatskanzleien, vom Zusammenbruch der kommunistischen Regierungen am falschen Fuß erwischt. Mit den Umwälzungen des Jahres 1989, vor allem auch angesichts des Massakers auf dem Tiananmen-Platz in Peking, wurden sämtliche Ideen für einen asiatischen Handelsraum schubladisiert. Die USA engagierten sich mit dem Fall der Berliner Mauer neuerlich in Europa, trieben die NATO-Osterweiterung voran und verschuldeten sich zunehmend bei der chinesischen Zentralbank.

Zu Beginn der Clinton-Administration 1993 startete die US-Regierung einige Versuchsballons, China über das Thema Menschenrechte konsequent an den Pranger zu stellen und internationale Sanktionen gegen das Land einzufordern. Politiker und offizielle Vertreter Chinas, zum Beispiel bei den Vereinten Nationen, hörten sich die Vorwürfe, die bei den Menschenrechtskonferenzen, ob in Genf oder jener UNO-Weltkonferenz in Wien im Juni 1993 regelmäßig von den USA und der EU vorgetragen wurden, geduldig an. Weniger geduldig geht China mit der Tibet-Frage um. Die Besuche des geistigen Oberhaupts der Tibeter, des Dalai-Lama, in westlichen Staatskanzleien wurden meist umgehend mit diplomatischer Eiszeit beantwortet. Während aus westlicher Sicht es hierbei stets um Religionsausübung und Freiheitsrechte ging, steht für China die Gefahr des Separatismus, also einer möglichen Abspaltung Tibets, im Vordergrund. Dieses Thema bestimmt für die chinesische Regierung viele Menschenrechtsdebatten, so auch die Lage der muslimischen Uiguren in der Westprovinz Xinjiang. Die Einladungen von Religionsvertretern aus China durch westliche Regierungen erschöpfen sich in den üblichen Ritualen, die kaum mehr Beachtung finden.

So mancher chinesische Diplomat verstand es auch geistreich, wenn eben nicht bewusst desinteressiert, zu reagieren.[8] Denn während das Außenamt in Peking am Vormittag mit den Menschenrechtspetitionen aus den USA befasst war, sprachen am Nachmittag die Vertreter der US-Handelskammer vor, um neue Handelsverträge abzuschließen. Die Absicht, die vielleicht in manchen Plänen der Clinton-Regierung mitschwang, nach dem Zerfall der Sowjetunion das Feindbild China zu bedienen, ging nicht auf. Denn die Chinesen wollten schlicht Handel treiben und hatten kein Interesse an einer Konfrontation mit dem Westen.

Ähnlich verhält es sich gegenwärtig, zumal China seine Handelswege auch jenseits des Projekts Seidenstraße auf dem afrikanischen

---

[8] *Die Autorin war von 1993 bis 1996 in der Abteilung für Menschenrechte im Völkerrechtsbüro des österreichischen Außenministeriums tätig und beobachtete diese Entwicklungen in der Menschenrechtsdebatte mit China. Die chinesische Delegation in Genf reagierte meist völlig ungerührt auf die Resolutionen, an welcher die EU lange koordinierte. Die Stellungnahmen Chinas waren oft auch humorvoll, indem auf die Zahl der Wörter und Zeichen, Rededauer hingewiesen wurde; bloß würde „nothing new" geboten.*

Kontinent und bis nach Lateinamerika konsequent verfolgt. Wo Kriege toben, wirkt China diskret im Hintergrund, um das absolute Chaos zu verhindern. Mit den USA gerät China hierbei zumindest im UN-Sicherheitsrat regelmäßig in Konflikt. So verhielt es sich vor der Invasion der USA und ihrer Verbündeten in den Irak im März 2003 und ist in dieser Form an der konsequenten Linie Chinas zu Syrien ablesbar. China agiert mit großer Zurückhaltung, aber effizient im Hintergrund und strebt nicht die offene Konfrontation an, auch wenn die Positionen zu jenen der USA gerade im Nahen Osten sehr konträr sind. Angesichts der Tollpatschigkeit der USA und Zerstrittenheit der EU möchte man hoffen, dass chinesische Vermittler da und dort auf die Konfliktparteien einwirken, um Schlimmeres zu verhindern. Denn über die Autorität - sei sie politisch oder „nur" moralisch – verfügt heute kaum eine Regierung oder eine internationale Behörde; selbige ist aber der Schlüssel für erfolgreiche stille Diplomatie, also Prävention statt militärischer Einmischung.

Dass die USA und China eventuell als die beiden führenden Wirtschaftsmächte gemeinsam oder als Rivalen die internationale Politik gestalten würden, geisterte vor einigen Jahren durch politikwissenschaftliche Aufsätze und so manches Editorial. In Anlehnung an die G7 (Gruppe der Sieben Industriemächte anno 1975 im Gründungsjahr) bzw. an die G20, die Gruppe der zwanzig wichtigsten Industrie- und Schwellenländer, wurde auch immer wieder von einer G2, bestehend aus den USA und China, gesprochen. US-Präsident Barack Obama bezeichnete sich selbst aufgrund seines Geburtsorts auf Hawaii gerne als „ersten pazifischen Präsidenten" der USA. Obama strebte jedenfalls eine Stärkung der USA-Präsenz im Pazifik an, um sich auch mit dem „Feindbild China" zu befassen. Im Dezember 2011 stellte die US-Regierung ihre „Pivot to Asia"-Strategie vor. Es ging hier um ein „rebalancing" der Interessenslage im asiatisch-pazifischen Raum, nachdem die USA so manchen

Rückzug aus militärischen Einsätzen im Nahen Osten angetreten hatten. Bilaterale Verträge mit kleineren pazifischen Staaten sollten China wirtschaftlich isolieren. Aus chinesischer Sicht wurde diese neue Doktrin argwöhnisch beobachtet, zumal China das chinesische Meer schon damals für sich und heute noch viel deutlicher als seinen Einflussbereich beansprucht.

Eine G2 wäre die Wunschformel mancher Politikberater, um die Augenhöhe zwischen Washington und Peking zu betonen. Der Historiker Niall Ferguson und der Ökonom Moritz Schularick schufen 2006 gar den Begriff „Chimerica", also eine begriffliche Verschmelzung von China & America als politische siamesische Zwillinge. Im besten Falle würde infolge der wechselseitigen Bindungen auf Gedeih und Verderb eine dauerhafte Zusammenarbeit entstehen. Im schlechtesten Fall hingegen würde China eine globale Wende einleiten, seine Rolle als Dreh- und Angelpunkt in der Shanghai Cooperation Organisation schärfen und auf dem afrikanischen Kontinent expandieren. Es zeichnet sich ab, dass China die USA allmählich als Bündnispartner, Investor und auch im Bereich der „soft power", also der sanften politischen Einflussnahme über Konsum und Medien, überflügelt.

Diese Entwicklung begann immer offensichtlicher zu werden, als China die Rolle der konjunkturpolitischen Lokomotive ab 2009 übernahm und mit großen Investitionsprogrammen die Weltwirtschaft - nach dem massiven Einbruch mit der Lehman-Pleite am 14. September 2008 - wieder auf Schiene brachte. Es war die Nachfrage aus China, die den Einbruch der Rohstoffpreise, allen voran den Weltmarktpreis für Erdöl, durch seine Nachfrage wieder nach oben zog. Fortan wurden die Treffen der G20 aufmerksamer beobachtet als andere Formate. Denn es zeichnet sich ab, dass innerhalb der G20 China die wesentliche Rolle übernimmt und die USA mehr folgen als führen.

Als Wissenschaftsmacht läuft China den USA zunehmend den Rang ab

Als im Herbst 2008 der damalige US-Finanzminister Hank Paulson wieder einmal mit einem Bittschreiben zum Ankauf von US-Staatsanleihen nach Peking reiste – eine von Dutzenden Missionen binnen eines Jahres – etablierte China mittels Satelliten seine weitere Expansion auf dem Weg zur Weltraum-Macht. Am 25. September 2008 errichtete China mit Shenzhou 7 die erste Weltraumstation mit drei Astronauten, die „space walks" unternahmen. Damit reiht sich China neben den USA und Russland in das Trio jener Staaten, die diese Weltraum-Aktivität bislang unternommen haben. Brian Harvey beschreibt in seinem Buch „China in Space: The Great Leap forward", dass Chinas Ehrgeiz aktuell darin besteht, in der Community der Weltraummächte gleichberechtigt wahrgenommen zu werden.[9]

China plant für 2018 eine Mond-Landung, dies wäre die erste seit der Apollo-Mission der USA 1969. Ebenso steht eine Mars-Expedition auf der Agenda der chinesischen Weltraumforschung, der im Gegensatz zu den USA offensichtlich eine breitere finanzielle Basis gesichert scheint. Zudem hat China den ersten Quantensatelliten in den Orbit geschickt, damit soll eine neue Ära der Kommunikation anbrechen, in welcher Datenaustausch so verschlüsselt ist, dass er vollkommen abhörsicher ist. Entscheidend für die wissenschaftli-

---

[9] https://www.theguardian.com/science/2016/aug/28/china-new-space-superpower-lunar-mars-missions abgerufen am 2. 6. 2017

chen Fortschritte Chinas ist hierbei österreichische Forschung. Der Quantenphysiker Anton Zeilinger arbeitet mit seinem Team seit 2004 an der Übertragung quantencodierter Informationen und damit einer völlig neuen Ära des Internets, nämlich des Quanteninternets. Der Aufbau der hierfür erforderlichen Infrastruktur soll im Wesentlichen über solche Satelliten erfolgen. Offenbar ist China seinen Mitbewerbern im Aufbau neuer abhörsicherer Übertragungsformen dank Quantentechnologie einen sehr großen Schritt voraus. Die österreichischen Forscher, die daran ihren Anteil haben, hatten vor 16 Jahren der Europäischen Weltraumorganisation ESA vorgeschlagen, solche Satelliten einzusetzen. Doch fehlen laut Physiker Anton Zeilinger in der ESA die erforderlichen Entscheidungsmechanismen.[10] So übernahm China die praktische Umsetzung österreichischer Forschung. Dieses Beispiel institutionellen Versagens auf EU-Ebene illustriert, wie brisant der Graben zwischen China und der wissenschaftlich nachhinkenden europäischen Forschungsgemeinde werden könnte.

Die Hacker-Angriffe unserer Zeit, die als hybride Formen der Kriegsführung die politischen und militärischen Verantwortlichen zunehmend beschäftigen, könnten im Falle dieser neuen Ära des Internet Geschichte sein. Doch vorerst beherrscht der Wettlauf zwischen China und den USA die digitale Sphäre. Die elektronischen Armeen oder Cybersoldaten sind interessanterweise im grenzenlosen Internet meist noch territorial organisiert. Eine Ausnahme bilden die Vertreter des Islamischen Staates, der neben territorialen Basen im Nahen Osten und Nordafrika als digitales Kalifat weiter Staatsgrenzen überschreiten wird.

[10] *http://www.zeit.de/2016/41/quantenphysik-china-weltall-cyberspace-hilfe-oesterreich abgerufen am 1. 7. 2017. Anton Zeilinger: Europa hätte die Chance gehabt, als Erster dabei zu sein.*

Wer wen mit welchen Cyberattacken übertrumpft, beschäftigt Regierungen wie Firmenvorstände gleichermaßen. Die Sorge um Attacken aus dem Netz übersteigt die Sorge um die Krisen der internationalen Politik, wie eine Umfrage der Intelligence Unit des Economist unter Unternehmern Ende 2016 ergab. China, die USA und Russland sowie die organisierte Kriminalität im weitesten Sinne unterhalten Computer-Hacker, deren Einsätze die Machtverhältnisse, nämlich von Wahlen bis hin zum Lahmlegen strategischer Infrastruktur, vorerst dauerhaft mitbestimmen. Umso emsiger wird an abhörsicherer Kommunikation gearbeitet.

Die digitale Revolution steht erst an ihrem Beginn, und an den Transformationen bzw. „disruptions", also Erschütterungen und Brüchen, vieler Arbeitsbereiche wird auch China seinen Anteil haben. Die Experimentierfreudigkeit und der unternehmerische Gründergeist sind in Asien größer als im regulierten Europa, wo zwar wahlwerbende Politiker gerne für Start-ups in die Bresche springen, aber letztlich nicht wissen, was für eine Unternehmensgründung auf dem Spiel steht. Zudem geht es bei jeder echten Innovation um einen Bruch, nicht bloß eine Verlagerung von Arbeit. So erfolgt im Banken- und Versicherungssektor dank online Verarbeitung weltweit ein massiver Abbau von Mitarbeitern. Doch die in den EU-Staaten gegründeten Fintech-Firmen, die im Finanzsektor neue Wege beschreiten sollen – also Kundenbetreuung über künstliche Intelligenz zum Beispiel – sind nicht disruptiv. Sie nehmen den Banken kein Geschäft weg. Anders verhält es sich mit China. Über die Hälfte aller Transaktionen werden dort bereits über Fintech-Firmen getätigt. „Wer sehen will, wie die Finanzindustrie neu erfunden wird, muss nach China gehen", heißt es in der Branche.[11]

---

[11] *NZZ Printausgabe vom 6. 5. 2017*

Parallel halten die analogen Rivalitäten zwischen China und den USA die Regierungen auf Trab. Es geht um chinesische Handelsüberschüsse und US-Schulden bei der chinesischen Zentralbank. US-Präsident Donald Trump hat dies in seinem Wahlkampf mit verbalen Rundumschlägen verdeutlicht. Schadensbegrenzung ist die Hauptaufgabe der US-Diplomaten, um die Gesprächsbasis zwischen dem Weißen Haus und dem Rest der Welt aufrecht zu halten. Dass Trump ein Mann der Emotionen ist, hatte man in Peking schon früh begriffen. In einem Kadersystem strenger Auswahl, wie es China praktiziert, wäre „ein Trump" wohl nicht passiert. Aber darin besteht unter anderem der Unterschied zwischen dem US-amerikanischen politischen System und jenem der Kommunistischen Partei Chinas. Wohin die aktuellen Überlegungen der chinesischen Entscheidungsträger und ihrer Mitarbeiter gehen, werden Historiker eines Tages recherchieren können. Doch welche Verachtung für das politische und vor allem wirtschaftliche System der USA besteht, lässt sich in einem Essay des chinesischen Notenbankchefs Zhou Xiaochan vom März 2009 nachlesen.[12] Ohne den US-Dollar namentlich zu benennen forderte Zhou die Errichtung einer neuen Reservewährung, die vom Währungsfonds zu schaffen wäre. Der wesentliche Grund hierfür liege im Erfordernis einer sorgfältigeren Handhabung einer solchen Reservewährung. China hielt zu dem Zeitpunkt noch US-Staatsanleihen von 2.000 Milliarden US-Dollar. In dem mehrseitigen Essay, der damals auf der Website der Chinesischen Zentralbank veröffentlicht wurde, kritisierte der Autor die nachlässige Haushaltspolitik der USA.

Als die Finanzkrise im Herbst 2008 begann, konnte Zhou es sich nicht verkneifen, auf die asiatische Finanzkrise von 1996 hinzu-

---

[12] *https://www.ft.com/content/7851925a-17a2-11de-8c9d-0000779fd2ac?mhq5j=e3 abgerufen am 2. 6. 2017*

weisen. Damals forderten namhafte multilaterale Finanzinstituti-
onen wie der Weltwährungsfonds, die US-Regierung und die EU
die Schließung maroder Banken und untersagten den betroffenen
Staaten jegliche Bankenrettung. Als 2008/09 Banken und Versiche-
rungen von Washington bis Berlin mit Staatshilfen unterstützt, gar
verstaatlicht wurden, hieß es in Peking: „Unsere westlichen Lehr-
meister befolgen ihre eigenen Lektionen nicht."

Der Verlust
der Glaubwürdigkeit

In den chinesischen Tagebüchern von G. H. Bush, die er während seines 14-monatigen Aufenthalts in Peking zu Beginn der 1970er Jahre führte, schrieb er folgenden Absatz, der von zeitloser Gültigkeit ist, um die Vertrauensfrage zwischen Peking und Washington zu stellen: „So much depends on our self-confidence in our ability to cope. If we project this confusion and failure and discouragement it will show up all around the world. People wonder anyway when they see commitments unkept. I think of Cambodia, and I think of Vietnam, and I think of what that means to the Chinese government and others as they see us unable to fulfill commitments made. "[13] Bush wusste um das Glaubwürdigkeitsproblem der USA in den Augen der Chinesen, denn die US-Militäroperationen in Kambodscha und Vietnam hatten ihren Anteil daran, dass viele daran zweifelten, ob die USA ihre Zusagen auch einhalten. Die Bilder jener von den USA im Stich gelassenen südvietnamesischen Kämpfer gingen um die Welt. Sie klammerten sich an die Hubschrauber, welche in Saigon US-Bürger evakuierten, aber verbündete Vietnamesen, denen angesichts des Einmarsches der Kommunisten aus Nordvietnam die Vernichtung drohte, wurden im Stich gelassen. In welchem Umfang die USA seither aus chinesischer Betrachtung an Glaubwürdigkeit verloren haben, lässt sich anhand der gescheiterten Interventionen im Namen von Demokratie und Menschenrechten vom Kosovokrieg

---

[13] *The China Diary of George H. W. Bush: The Making of a Global President*, Hrsg. Jeffrey A. Engel, Princeton University Press 2008, S.161

1999, Irak 2003 bis zu Libyen 2011 und vielen anderen Beispielen ablesen. Nur als Randnotiz sei hier noch angemerkt, dass eines der versehentlichen Ziele der NATO-Bombardierung von Belgrad im Frühjahr 1999 die chinesische Botschaft war, denn offenbar verfügte die NATO nur über einen veralteten Stadtplan von Belgrad. In Peking schütteln zusehends mehr Personen vom Zentralkomitee der Kommunistischen Partei abwärts den Kopf. Aus so mancher Publikation lässt sich ablesen, dass man in China feststellt: Der Westen ist noch viel schwächer als gedacht. Henry Kissinger schrieb dazu 2011 ein besorgtes Nachwort für sein Werk „On China".

Das Fundament der Beziehungen zwischen den USA und China findet sich in den Zusagen, die der damalige US-Außenminister Henry Kissinger während seiner Geheimmission in Peking machte. Demnach würden die USA nicht die Unabhängigkeit Taiwans unterstützen. Im Communiqué von Shanghai 1978 bekannte sich Präsident Richard Nixon zur Ein-China-Politik, die seither die Beziehungen zwischen den USA und China bestimmt. Waffenlieferungen an Taiwan führten zwar immer wieder zu starken Spannungen, doch das Prinzip der Ein-China-Politik gilt dennoch seither.

Der aktuelle Schlingerkurs der Administration Trump bringt Errungenschaften im delikaten Gleichgewicht der Kräfte zwischen China und den USA ins Wanken. Nordkorea bildet die große Unbekannte, von der aus manche Provokation ausgehen könnte. Anfang April 2017 war die Sorge groß, dass die USA in die nordkoreanische Provokationsfalle von Raketentests tappen würden. Sanktionen gegen Nordkorea haben sich bislang als zahnlos erwiesen, erst die Einstellung sämtlicher Erdöl-und Erdgaslieferungen aus China bzw. Russland würde den Machthabern in Pjöngjang ein Problem bereiten. Bekanntlich lässt sich ohne Treibstoff kein Krieg führen. Peking hat wenig Interesse an einem Kollaps von Nordkorea, da eine Flüchtlingskrise China schwer treffen würde.

Doch ebenso sorgen Unruhen in Hongkong und China für mögliche Unstimmigkeiten. Die fragwürdige Rolle von Nichtregierungsorganisationen, Studentenrevolten und die Mobilisierung in sozialen Netzwerken sorgen regelmäßig für politische Missstimmung zwischen Peking und Washington. Emotionen stechen vor allem auf westlicher Seite jegliche nüchterne Betrachtung aus. Und Politik via Twitter aus dem Weißen Haus sorgt ohnehin für Unbehagen auf beiden Seiten des Pazifiks.

Beinahe überschaubar zeigt sich hingegen die Handelspolitik zwischen China und den USA. An seinem ersten Amtstag, dem 23. Jänner 2017, löste Trump das Trans-Pacific Partnership (TPP) auf, dem zwölf Staaten (u. a. Australien, Japan, Chile, Kanada, Vietnam), nicht aber China, angehörten, und erklärte das Ende der Ära multilateraler Handelsverträge. Sein Plädoyer ist der bilaterale Weg, wobei gemäß „America First" es um die Förderung US-amerikanischer Arbeitsplätze und Produkte geht. Die Regierung Obama hatte knapp acht Jahre dieses Vertragswerk ausgehandelt. Die politische Motivation war, die USA stärker an Ostasien zu binden In diesem Vakuum gewinnt nun China zusehends an Bedeutung als Handelspartner und stabilisierende Macht.

Trumps Gegenrezept lautet „backshoring", also ein Rückholen industrieller Produktion in die USA. Nicht Trump hat diesen Trend begonnen, vielmehr haben einige Firmen in den letzten fünf Jahren erkannt, dass infolge steigender Löhne im asiatischen Raum, zugleich sinkendem Lohnniveau in den traditionellen Industriestaaten, besserem Qualitätsmanagement in einer Produktionsstätte nahe dem Vertrieb und einer Reduzierung der Transportkosten dieses Gegenstück zum offshoring der Industrie kommerziell sinnvoll ist. China beginnt indes seinerseits infolge der steigenden Lohnkosten Fabriken nach Afrika auszulagern, um sich auf die neue Etappe, nämlich den Sektor Dienstleistung massiv in China aufzubauen, zu konzentrieren. All diese Maßnahmen fügen sich in das größere Konzept massiver Infrastrukturvorhaben. Der pakistanische Energiekorridor ist ein solches, das China nun in sein Seidenstraßenprojekt einbaut.

Die Seidenstraße mit vielen Landrouten und einer Perlenkette an Häfen

Seide war nur eine von vielen Waren, die auf den traditionellen Karawanenwegen zwischen China, bis Mitte des 18. Jahrhunderts eine Großmacht, und dem Imperium Romanum, später mit dem Arabischen Reich und anderen gehandelt wurde. Doch weder waren es die Römer noch die Chinesen, die diesem Geflecht aus Handelswegen quer durch Zentralasien, das unsereins mit den Abenteuern des Venezianers Marco Polo verbindet, den Namen gaben. Der deutsche Geologe Ferdinand von Richthofen zeichnet für den Namen verantwortlich, der gegenwärtig für das größte Infrastrukturprojekt seit dem Zweiten Weltkrieg steht. Denn im Jahre 1877 tauchte dieser Begriff in einem Vortrag mit dem Titel „Über die centralasiatischen Seidenstrassen bis zum 2. Jahrhundert nach Christus" und später

[14] *Quelle: Mercator Institute for China Studies/F.A.Z. Karte*

einem grundlegenden China-Werk des Forschers von Richthofen auf.[15]

Die USA definierten ihre Interessen in Zentralasien 1999 in dem Grundsatzdokument zur „Seidenstraßen-Strategie", nachdem sie zuvor in wesentlichen geopolitischen Gleichungen, wie denn Zentralasien nach der Auflösung der Sowjetunion neu zu gestalten sei, China sträflich vernachlässigt hatten. Außenministerin Hillary Clinton verwendete im Juli 2011 sehr zum Missfallen Pekings den Begriff der „New Silk Road", als sie von einem Nord-Süd-Korridor für Afghanistan sprach. Die EU startete 1993 den Verkehrskorridor Europa-Kaukasus-Asien, wobei ein Budget von knapp 100 Millionen Euro über einen Zeitraum von zehn Jahren für den Aufbau von Infrastruktur zur Verfügung gestellt wurde. Der Begriff Seidenstraße kam in dem Zusammenhang mehrfach vor; doch er ist für die EU offensichtlich mehr Mythos als ein politisches und wirtschaftliches Konzept, wie aus dem lächerlich niedrigen Investitionsvolumen hervorgeht.

Ganz anders verhält es sich mit dem Zugang des aktuellen chinesischen Präsidenten Xi Jingping.[16] Er veranschlagt ein Budget von vier Milliarden US-Dollar und hat zu diesem Zweck die asiatische Entwicklungsbank AIIB ins Leben gerufen. Es geht um ein breit gefächertes Konzept aus teils schon bestehenden Verkehrsverbindungen, etwa Hafenanlagen und Eisenbahnlinien, bzw. noch zu bauen-

---

[15] *Richthofen, Ferdinand, Freiherr von, China, Ergebnisse eigener Reisen. Fünf Bände. Verlag Dietrich Reimer, Berlin 1882*

[16] *Theresa Fallon, The New Silk Road: Xi Jinping's Grand Strategy for Eurasia in American Foreign Policy Interests. Vol37, Number 3, 2015, S. 140-147 https://www.ou.edu/uschina/texts/Fallon.2015.AFPI.New_Silk_Road. pdf abgerufen am 29. 6. 2017*

den Pipelines und Umschlagplätzen, wo alte Karawanenstädte wie Kashgar neben neuen Satellitenstädten ihre Rolle spielen werden. Erstmals präsentierte Xi seine Idee während eines Besuches in der kasachischen Hauptstadt Astana am 7. September 2013, als er von einem „Wirtschaftsgürtel" sprach, der chinesischen Wohlstand in bislang vernachlässigte Regionen bringen würde. Immerhin sollen vier Milliarden Menschen an diesem Vorhaben teilhaben. Ein Jahr später, im Oktober 2014, kündigte Xi während eines Besuches in Indonesien die „maritime Seidenstraße des 21. Jahrhunderts" an. Diese Verbindung von Hafenanlagen, die China bereits schon nützt oder zu kontrollieren anstrebt, wird auch die Perlenkette genannt. Als offizielles Konzept wurde daraus schließlich die „Eine Straße ein Gürtel" (yi dai yi lu) oder in englischen Abkürzung die OBOR (One belt one road).

Für Xi geht es hierbei aber um weit mehr als Investieren. Oft ist in offiziellen Dokumenten von einer „Verjüngung der chinesischen Nation" die Rede, welche mit dem Aufstieg zu einer Weltmacht in enger Verbindung steht. Das „Reich der Mitte" ist in den politischen und auch akademischen Zirkeln Chinas wieder salonfähig; dies ist umso bemerkenswerter als die Ziele der Revolution unter Mao, also der Kommunismus und die klassenlose Gesellschaft, ebenso ihre Gültigkeit behalten haben. Nun gilt es diese Strategie der neuen Hegemonie mit den Grundlagen der Kommunistischen Partei Chinas auf dem 19. Parteikongress Ende des Jahrs 2017 in Gleichklang zu bringen. Politische Ideen und damit auch Macht sind in China ideologisch, nicht demokratisch legitimiert. Allmählich ist dieses Vorhaben gereift, dabei spielte das chinesischen Engagement von Zentralasien über Afrika bis nach Lateinamerika ebenso seine Rolle wie auch das wachsende Selbstbewusstsein in weiten Teilen der Gesellschaft. Eine nationalistische Jugend findet sich nicht nur in ausgewählten Parteikadern, sondern in sehr unterschiedlichen Bevölkerungsschichten. Die heute 25 bis 40-Jährigen sind erfüllt von dem Gefühl, wieder jemand zu sein, auf China stolz sein zu können. Dies ist gleichermaßen zu spüren, wenn man an einer Universität vorträgt wie auch beim wachsenden Selbstbewusstsein, das China auf der weltpolitischen Bühne demonstriert. Aus Parteifunktionären wurden weltgewandte Botschafter, Militärattachés und Vorstandsvorsitzende, die ihr westliches Gegenüber mit Wissen und Talent um den kleinen Finger wickeln können.

Geradezu als Fügung des Schicksals müssen manche Vordenker dieses politischen Konzepts zur Rückkehr der chinesischen Hegemonie die Trump-Administration betrachten. Der vorerst praktizierte Isolationismus der USA, nämlich aus diversen multilateralen Verträgen auszusteigen, ob Freihandel oder Klimapolitik, spielt China gewissermaßen den Ball zu, eine Führungsrolle zu übernehmen. Grundsätzlich ist es eine US-Tradition, die nationale Souveränität nicht durch vertragliche Pflichten zu beschränken, sondern möglichst ungebunden zu agieren.[17]

Unter der Obama-Regierung wurden teils andere Wege beschritten, doch die USA haben seit 1945 viele UN-Konventionen nicht ratifiziert. Einmal war es der Kongress, dann wieder der Senat, der in den internationalen Verträgen eine Beschneidung des außenpolitischen Radius der USA sah. Es seien nur beispielshalber die UN-Seerechtskonvention, die Konvention zum Verbot von Anti-Personen-Minen sowie viele Menschenrechtsverträge angeführt.

---

[17] *Völkerrecht ist eine Disziplin, die bei US-amerikanischen Gesprächspartnern eher für Schmunzeln als für eine tiefer gehende Debatte sorgt. Das Fehlen von Sanktionen in einer Gemeinschaft von Staaten, die aufgrund ihrer Souveränität gleichberechtigt sind, lässt Juristen grundsätzlich an der Effektivität von Völkerrecht zweifeln. Letztlich greift im Sinne der normativen Kraft des Faktischen oftmals das Recht des Stärkeren.*

China hingegen präsentiert sich als engagiertes Mitglied der Staatengemeinschaft im Sinne des Grundsatzes „pacta sunt servanda", also Verträge sind einzuhalten. In welchem Umfang dies dauerhaft der Fall sein wird, bleibt abzuwarten. China kennt nur allzu gut die Folgen der Hunderten „ungleicher Verträge" mit Europa und den USA, in die das Land seit dem 19. Jahrhundert gedrängt wurde. Die Abkommen mit den Europäern wecken keine guten Erinnerungen, denn sie hatten schwere Brüche im chinesischen Selbstverständnis zur Folge. Kaum ein Land – von den einstigen Ostblockstaaten einmal abgesehen - musste allein in den letzten 50 Jahren derart gewaltige Volten durchleben wie China. Von Kommunismus in den Kapitalismus, von der Kulturrevolution in die Globalisierung und von der Großfamilie ins Singledasein. Die nächste Wende für die chinesische Geschichtsschreibung steht offenbar bevor. Denn die kommunistische Volksrepublik, deren Credo die Nichteinmischung in die inneren Angelegenheiten anderer Staaten ist, steht am Sprung in die imperiale Vormachtstellung in einer zerbrechlichen Welt, wo bekanntlich alles mit allem zusammenhängt.

Vom harmonischen Aufstieg zur Mission für die Menschheit

Aus chinesischer Sicht entsprach es durch die Jahrhunderte der natürlichen Ordnung des Universums, dass eine Vielzahl anderer Staaten die chinesische Kultur übernehmen und China Tribut zollen sollte. Die Grenzen zwischen China und den Völkern in seinem Umkreis waren weniger politisch und territorial als vielmehr kulturell definiert. Aus dem himmlischen China, das sich als Nabel der Welt sah und auf die restliche Welt als barbarische Vasallen blickte, wurde im 19. Jahrhundert ein von europäischen Besatzungsmächten gedemütigtes Land, das erst 1949 unter Mao wieder die gesamte Kontrolle über das Staatsgebiet erlangte.

Bedenkt man das noch aufrechte Waffen-Embargo, das infolge des Massakers am Platz des Himmlischen Friedens gegen Peking 1989 verhängt wurde, erscheint die gegenwärtige Rolle Chinas als gleichberechtigter und umworbener diplomatischer Partner als Kuriosum der Zeitgeschichte. Es ist der bekannte Eiertanz, den westliche Staatskanzleien in solchen Situationen machen; nämlich die chinesische Volksrepublik in regelmäßigen Intervallen, so im Umgang mit Dissidenten, zu verdammen und zugleich begeistert als Absatzmarkt zu nützen. China ist der Investor von Rotterdam bis Piräus und hat sich zum Partner der Großen gemausert. 2007 schließlich legte das chinesische Außenministerium einen Plan der „chinesischen diplomatischen Philosophie" vor, der den Begriff Harmonie gemäß den damaligen Vorgaben der Partei als zentrales Element beschreibt. [18]

[18] Zhongqi Pan: China's Changing Image of and Engagement in World Order. S38 ff in „Harmonious World" and China's New Foreign Policy, Hrsg. Sujian Guo und Jean-Marc Blanchard. New York 2008.

Gleich der erste Punkt des Konzepts macht deutlich, dass China keine Hegemonie anstrebe, zudem werde China von jeglicher Machtpolitik Abstand nehmen. Das Prinzip der Nichteinmischung macht China bekanntlich zum favorisierten Partner vieler Rohstoff produzierender Staaten. Der „friedliche Aufstieg" und die „harmonische Entwicklung", wie sich die wesentlichen Passagen der chinesischen Wirtschafts- und Außenpolitik seit 2006 unter Präsident Hu Jintao nannten, sind nun zehn Jahre später auf einem anderen Niveau von internationaler Relevanz angekommen.

Zur 95-Jahr-Feier der Parteigründung am 1. Juli 2016 sprach die chinesische Führung nicht nur von einer neuen Ära der Globalisierung, sondern von Chinas Beitrag zu einem besseren Sozialsystem für die Menschheit. Dies erinnert ein wenig an die missionarische Außenpolitik eines Woodrow Wilson nach dem Ersten Weltkrieg. Es ging für Washington um die Transformation der internationalen Beziehungen, fast um eine Art Erlöser-Rolle, die sich nach 1945 dann wiederum in unterschiedlichen Varianten durch die US-Außenpolitik zog. US-Präsident Wilson gilt als einer der stärksten Verfechter diesen US-amerikanischen Idealismus. Doch nicht nur militärischer „overstretch", also die Überreizung der globalen US-amerikanischen Militärpräsenz, sondern auch eine grundsätzliche Abwendung von der interventionistischen Haltung, haben über die letzten zehn Jahre zu einer Neuausrichtung geführt. Der Abzug der US-Besatzungstruppen aus dem Irak im Dezember 2011, die Abwendung von Ägypten und einigen Golfstaaten sowie die Reduzierung von US-Truppen in Westeuropa und das wachsende Desinteresse an direkter Einflussnahme auf schwierige Regionen, wie im Georgienkrieg im Sommer 2008 oder in Libyen im Frühjahr 2011, sind ein längerer Prozess. Gegenwärtig entsteht teils im Nahen Osten und auf dem afrikanischen Kontinent ein machtpolitisches Vakuum, in das China einrückt.

China befindet sich offenbar am Sprung zur Führungsmacht. Berufen hierfür befindet sich die Regierung allemal. Was Xi zweifellos perfekt beherrscht ist, den richtigen Moment abzuwarten. Das Projekt der Seidenstraße ist im Stillen gediehen, wurde mit allen wichtigen Repräsentanten des politischen Apparats abgestimmt und in vielen bilateralen Treffen außenpolitisch ausgetestet. Eine wesentliche bilaterale Beziehung, die nun in diesem großen „Ganzen" aufgehen soll, bildet auch jene zu Russland.

Die chinesisch-russische Kooperation ist mehr als ein Erdgasgeschäft

Seit 2004 vertiefen sich die Beziehungen zwischen Peking und Moskau, auch wenn geopolitisch betrachtet aus russischer Warte viel dagegenspricht: die lange Landgrenze von 4.300 km, die geringe Bevölkerungsdichte im Osten des Landes auf russischer Seite und der Bevölkerungsdruck jenseits eben jener Grenze in China. Erst im Jahre 2008 nach 40 Jahren Verhandlungen unterzeichneten die Außenminister dieser beiden Staaten einen Vertrag zur Lösung sämtlicher Grenzkonflikte. Die russisch-chinesischen Beziehungen sind seit Jahrhunderten belastet, was sich in Grenzscharmützeln oft widerspiegelte. In Zeiten des nuklearen Wettrüstens spitzte sich in den 1970er Jahren die Stimmung immer wieder zu. Über allem schwebte damals der Dauerstreit zwischen den beiden kommunistischen Parteien, wer denn nun Marx richtig verstanden hätte. Mit dem Ende der Sowjetunion hat sich dieser Disput indes erübrigt, aber es bleibt die Geographie und diese ist bekanntlich unabänderlich. Otto von Bismarck nannte die Geographie daher die Konstante der Geschichte. Von Geopolitik verstand dieser Realist sehr viel. Genau darum geht es auch in den ambivalenten Beziehungen zwischen den beiden Großreichen.

Als die russischen Dynastien zwecks „Sammeln russischer Erde" nach Osten expandierten, folgten oft Verträge, die aus chinesischer Sicht als zumindest umstritten galten. Davon berichtet das Abkommen von Nertschinsk von 1689, der erste russisch-chinesische Vertrag seiner Art. Neben Handelsfragen, dem Austausch von „Deserteuren" und Verbrechern, wurde auch die Grenze, wenngleich recht vage, festgelegt. Der Vertrag, von den Jesuiten, die als Dolmetscher mit Latein als Mittlersprache zwischen Russisch und Chinesisch mitwirkten, aufgesetzt, war alles andere als eindeutig. In der chinesischen Fassung erschien Russland als abgabenpflichtig, während in der russischen Version beide Staaten gleichberechtigt galten. Trotzdem waren Rechte und Pflichten noch weitgehend ausgeglichen, obwohl China ihn als ersten der „ungleichen Verträge" betrachtet.

Der Geopolitiker Putin und die chinesische Allianz

Für den einstigen Nachrichtenoffizier Vladimir Putin, der geopolitisch denkt und handelt, war die enge Zusammenarbeit mit Peking nie vorrangig. Wäre es nach ihm und rein geopolitischer Logik gegangen, dann sollte Japan der favorisierte Partner werden. Michail Khordorkovsky, Gründer des Erdölkonzerns Yukos, hatte aus langfristigen geschäftlichen Überlegungen China die Priorität gegeben. Putin ließ ihn im Oktober 2003 verhaften. Hauptgrund war der drohende Ausverkauf russischer Energieinteressen infolge der Fusion von Yukos mit dem US-Konzern ExxonMobil im April 2003. Die russischen Erdöl- und Erdgasfirmen waren nach den wilden 1990ern kaum staatlich kontrolliert, die Energiebranche völlig konzeptlos liberalisiert worden. Putin absolvierte 1992 nach dem Ende seiner Karriere als Mitarbeiter des russischen Geheimdienstes eine weiterführende Ausbildung in St. Petersburg, wo er in der Stadtregierung mitwirkte, und befasste sich mit russischer Energiewirtschaft. Die Thesenarbeit des Studenten Vladimir Putin soll unter Verschluss und nicht einsehbar sein. Man fragt sich, in welchem Kapitel der russischen Energiepolitik wir uns gegenwärtig befinden und wie das Schlusswort dieser These lauten mag. Putin kennt sich jedenfalls in Energiefragen exzellent aus und kann im Gegensatz zu seinen meisten westlichen Amtskollegen geopolitische und technische Zusammenhänge einordnen. Putin gab noch zu Beginn seiner ersten Amtszeit aus strategischen Überlegungen Japan den Vorzug, da eine enge Kooperation mit dem unmittelbaren mächtigen Nachbarn kaum auf Augenhöhe möglich schien. Angesichts der stagnierenden Wirtschaft Japans, das seit der Asienkrise 1997 stetig hinter China zurückfiel, musste auch Putin einsehen, dass China die aufsteigende Macht ist, mit der man Geschäfte machen muss.

Vladimir Putin und Xi Jinping beim G20 Gipfel 2016 in Hangzhou.

Die Verdichtung der russisch-chinesischen Zusammenarbeit im Mai 2014 wurde von den meisten Europäern nicht begriffen, sie taten dies vielmehr als russische Flucht nach Osten ab. Denn zu dem Zeitpunkt dominierte die Ukraine-Krise mit der Annexion der Halbinsel Krim durch Russland das Weltgeschehen. Zwischen März und Juli 2014 verhängten die USA und die EU eine Serie von Sanktionen, auf welche Russland mit Gegensanktionen antwortete. Diese Handelsbarrieren sind trotz Kritik vieler europäischer Unternehmer weiterhin aufrecht. Westliche Medien wurden nicht müde zu behaupten, dass Russland seine Erdgaslieferungen nun zum Billigtarif nach China verkaufen müsste, da der europäische Markt verschlossen wäre, was zu keinem Zeitpunkt der Fall war. Denn direkte russische Erdgaslieferungen nach Deutschland wurden letztlich über die Trasse der Nord Stream-Leitungen ausgebaut, bloß das rechtlich und technisch ähnlich gelagerte Projekt South Stream wurde im Juni 2014 auf US-Druck storniert. Der Ärger unter den betroffenen EU-Staaten Bulgarien und Ungarn war entsprechend groß, zumal zehntausende Arbeitsverträge wieder aufgelöst werden mussten; wohl mit ein Grund für die wachsende Annäherung dieser EU-Staaten an Russland.

Das im Mai 2014 in Shanghai von den Staatspräsidenten Putin und Jinping unterfertigte Vertragswerk ist ein Paket von über 30 Kooperationen zwischen Moskau und Peking. An diesen detaillierten Abkommen wurde jahrelang und nicht erst zwischen Ausbruch der Krimkrise im März 2014 und dem Gipfeltreffen in Shanghai gefeilt. Der Ausbau der Wirtschaftsbeziehungen hat stets das Verhältnis zwischen den beiden Nachbarn dominiert. So geht es auch um die Zusammenarbeit in der Währungspolitik, sprich den Einsatz der Währungen dieser beiden Staaten für Rohstoffhandel an Stelle des US-Dollars. „Schachspiel mit dem Drachen" nennen manche Beobachter die enge bilaterale Verflechtung.[19]

Russland hat Saudi-Arabien erstmals im Jahr 2016 als wichtigsten Erdöl-Lieferanten für China abgelöst. Noch viel wichtiger als Erdöl sind aber die russischen Erdgas-Exporte, vor allem für die Umgestaltung des chinesischen Energiemix, der immer noch zu fast 65 Prozent von Kohle dominiert ist. China unternimmt große Anstrengungen, andere Energieträger einzusetzen, und das Land ist auch führend im Bereich erneuerbarer Energien. Dennoch wird China bis 2035 zu fast 50 Prozent von Kohle abhängig sein, wie eine Studie

[19] *Geopolitics of Energy, Vol. 38. Nr. 8, August 2016: Sino-Russian Oil and Gas Cooperation: where it starts and how it can expand*

von BP festhält.[20] Für das Weltklima entscheidend ist weniger eine deutsche Energiewende, die letztlich auch nur 30 Prozent des deutschen Energiebedarfs deckt, zumal es ausschließlich um Strom und nicht um den wesentlich größeren Emissionstreiber Verkehr geht. Viel bedeutsamer für die globalen Bemühungen, die Erderwärmung zu bremsen, ist die Frage, ob es China gelingt, von der Kohleverbrennung wegzukommen. Der indische Energiemix ist ähnlich stark von Kohle bestimmt. Die Emissionen der chinesischen und indischen Kohlekraftwerke, die in der Stromerzeugung für diese Länder mit einer relativ hohen Energiearmut der ländlichen Bevölkerung wichtig sind, verursachen einen großen Anteil Treibhausgase. Eben diese Problematik provoziert regelmäßig einen Nord-Süd-Konflikt in den Klimakonferenzen. Beide Staaten verfügen über eigene große Kohlevorkommen und importieren unter anderem aus Australien und Südafrika. Wenn es gelingen sollte, chinesische Kohle durch russisches Erdgas zu ersetzen, wären die Emissionen entsprechend leichter v. a. in der Stromerzeugung zu reduzieren. Die Erdgas-Pipeline „Power of Siberia" wurde vertraglich als russische Erdgaslieferung für die Dauer von 30 Jahren im Mai 2014 beschlossen, die Bauarbeiten für die 3.200 km lange Trasse sollen im Herbst 2019 abgeschlossen sein. Der chinesische Erdgasmarkt ist für Russland aus mehreren Gründen interessant: demografisch bietet das große Land mit seiner wachsenden Nachfrage ein entsprechendes Absatzvolumen; rechtlich, zumal mit Vertragstreue zu rechnen ist, also Sanktionen wie im Falle der EU nicht die Beziehungen belasten würden; und letztlich auch geopolitisch, da Russland zum dominanten Energielieferanten seines wichtigen Partners und Konkurrenten China wird. Der europäische Erdgasmarkt hat nicht zuletzt unter den Sanktionen, dem Stopp der South Stream-Pipeline im Sommer

---

[20] http://www.bp.com/content/dam/bp/pdf/energy-economics/energy-outlook-2017/bp-energy-outlook-2017-country-insight-china.pdf

2014 und den rechtlichen Unwägbarkeiten gelitten.[21] Was aber global ins Gewicht fällt, ist der Beitrag zur Reduzierung von Emissionen, wie Kohlendioxid und Stickstoff, da der fossile, aber relativ saubere Energieträger Erdgas die fossilen und relativ schmutzigen Energieträger Kohle zunehmend ersetzt. Die Handelspartnerschaft zwischen den beiden Staaten ist von Energie-Interessen bestimmt, wie dies überhaupt auf die chinesische Außenpolitik seit Mitte der 1990er Jahre zutrifft, als das Land aufgrund seines massiven Wachstums von der nationalen Erdölproduktion stärker in den Import von Erdöl ausweichen musste. Seit bald drei Jahren ist China der weltweit wichtigste Erdölimporteur.

---

[21] *So müssen infolge der deutschen Energiewende zwar die Erdgaskraftwerke nach marktwirtschaftlichen Bedingungen arbeiten, nicht aber die Erzeuger erneuerbarer Energien, die von garantierten Einspeisetarifen und Abnehmervolumina profitieren.*

China und Russland sehen sich als Faktoren der Ordnung

Doch darüber hinaus koordinieren russische und chinesische Außenministerien ihre gemeinsame Vorgehensweise im UNO-Sicherheitsrat; u. a. seit 2002, als die USA und ihre Verbündeten den Irakkrieg vorbereiteten. Betrachtet man das Abstimmungsverhalten dieser beiden Vetomächte Russland und China im UNO-Sicherheitsrat, so zeigt sich ein Gleichklang im Abstimmungsverhalten, wie er unter EU-Mitgliedern nicht besteht. Vor dem Hintergrund der US-Interventionen infolge der Arabischen Revolten im Frühjahr 2011, vor allem mit der NATO-Intervention in Libyen im März 2011, kristallisierte sich eine gemeinsame russisch-chinesische Position immer klarer heraus. Aus Libyen mussten infolge der Kriegswirren im Frühjahr 2011 über 30.000 chinesische Arbeiter heimgeholt werden; diese größte jemals durchgeführte Evakuierung chinesischer Staatsbürger erfolgte mit russischer Unterstützung. In die russische Militärintervention in Syrien, die im Herbst 2015 begann, ist bis heute neben dem Iran und Irak auch China eingebunden. Wesentlich für den Fortbestand der Regierung Assad und der syrischen Armee ist China, das die syrische Verwaltung finanziert und damit die Zahlung der Gehälter an Staatsbedienstete und Soldaten ermöglicht. Ohne die chinesischen Mittel wäre Syrien bankrott, das zwar aus dem Iran traditionell starke Unterstützung bezieht, aber ein wesentlicher Rückhalt erfolgt zudem sehr diskret aus China, das wohl auch beim Wiederaufbau stärker mitwirken wird als dies westliche Firmen jetzt schon befürchten.

Das Abkommen von Shanghai vom Mai 2014 versteht sich aus chinesischer Sicht auch als die logische Ergänzung zur Shanghai Cooperation Organization (SCO). Bei dieser Regionalorganisation handelt es sich um eine der bedeutendsten internationalen Organisationen, die aus europäischer Warte aber nicht das erforderliche Augenmerk erhält, das sie verdient. Zentral für die Zusammenarbeit in der SCO sind Energiepolitik und Sicherheit. Gemeinsame Militärmanöver binden die Mitglieder ebenso aneinander wie ein großes Paket an Wirtschaftsabkommen. Gegründet 2001 umfasst sie zum einen die wesentlichen Energie-Importeure, wie China und Indien, zum anderen aber auch wesentliche Energie-Produzenten, wie Russland und vier zentralasiatische Staaten (Kasachstan, Kirgisistan, Tadschikistan, Usbekistan). Hinzu kommt noch Pakistan. Iran, das Land mit den weltweit größten Erdgas-Reserven, ist vorerst noch Beobachter. Interessant ist, dass die Türkei, seit 2012 im Status des Dialogpartners, eine Vollmitgliedschaft anstrebt. Sollte das NATO-Mitglied Türkei seine Interessen derart nach Osten verlagern, wird dies nicht ohne Folgen für Energietrassen und die NATO bleiben. Auch im Rahmen der türkischen Planungen lässt sich feststellen, dass Pipelines und Airlines nach Osten und nicht nach Westen drehen.

Der Reigen an bilateralen Verträgen zwischen China und Russland verdichtet sich jedes Jahr weiter, wie sich aus der intensiven Besuchsdiplomatie und den vielen stillen politischen Kooperationen auf internationaler Bühne ablesen lässt. Besonders intensiv betreiben die Streitkräfte beider Staaten auch ihre gemeinsame Abstimmung in der Terrorismus-Bekämpfung. Was Putin nach dem 11. September ursprünglich gemeinsam mit den USA und der EU plante, nämlich enge Kooperation im Anti-Terror-Kampf, aber infolge des Irak-Kriegs scheiterte, wird nun zum wesentlichen Band zwischen Russland und China. Die Zusammenarbeit der Seestreitkräfte ist bemerkenswert, zumal Russen und Chinesen im geostrategisch so bedeutsamen Raum, wie dem Chinesischen Meer, auf Basis der SCO-Verträge regelmäßig ihre gemeinsamen Seemanöver unternehmen. Die Ostsee-Manöver wiederum fügen sich in die russische Interessenssphäre ein.

Der Kampf um die Rohstoffinteressen im Chinesischen Meer ist genau die Weltregion, wo die Einflusszonen zwischen den USA und China oft wöchentlich mit gefährlichen Schiffsmanövern aufeinanderprallen. „War by accident" zwischen atomar getriebenen Schiffen kann in niemandes Interesse liegen. Hierbei kann China jedenfalls auf russische Rückendeckung zählen. So bereiten sich die Streitkräfte gemeinsam auf gewisse Szenarien vor. Allen Unwägbarkeiten zum Trotz schaffen es die beiden Nachbarstaaten vorerst, ihre gemeinsamen Ziele über tiefsitzende Ängste und die Geschichte zu stellen. Kaderpersonal im diplomatischen Apparat und relativ klare Hierarchien, wie sie autokratischen Systemen zweifellos eigen sind, ermöglichen eine rasche Entscheidungskette. Wie eingangs betont, handelt es sich nicht um eine natürliche Allianz zwischen Moskau und Peking. Dagegen sprechen die Geographie und die sehr unterschiedlichen demographischen Verhältnisse; doch beide Staaten verstehen sich in der aktuellen weltpolitischen Situation mehr denn je als Faktoren der Stabilisierung.

Die Besuchsdiplomatie ist intensiv und hochrangig, denn so stehen bei jedem multilateralen Gipfel - ob im Rahmen der SCO, der G20 oder BRICS[22] - die bilateralen Treffen zwischen den Präsidenten im Vordergrund. Putin beschreibt diese Praxis so: „Aus Tradition

---

[22] *BRICS: Brasilien, Russland, Indien, China, Südafrika – auch dieses Forum schnell wachsender Volkswirtschaften ermöglicht eine stete Kooperation zwischen Russland und China*

heraus nutzen wir jede Gelegenheit, zusammenzutreffen und dabei die bilateralen Beziehungen sowie die internationale Agenda zu diskutieren." Die Chemie zwischen den beiden Politikern scheint zudem zu funktionieren, und die nationalen Interessen kongruieren jedenfalls im Nahen Osten, wo beide Regierungen mit den säkularen Regierungen in Damaskus und Kairo kooperieren und keine weiteren Regimewechsel im Namen der Humanität wünschen. Mit Islamismus und seinen terroristischen Folgen sind sie gleichermaßen konfrontiert und verweisen zu Recht auf die Verantwortung der USA und ihrer Verbündeten im Irakkrieg 2003, mit dessen Folgen wie Staatenzerfall, Flüchtlingsdramen und Terrorismus wir noch lange zu tun haben werden. Es handelt sich also um eine enge Partnerschaft zwischen zwei mächtigen Nachbarstaaten, die mit ihrem historischen Ballast einander auf gleicher Augenhöhe begegnen. Noch überlappen sich ihre Interessen betreffend den Nahen Osten, Europa, Südasien und die Energiepolitik.

Anders verhält es sich mit der chinesischen Expansion auf dem afrikanischen Kontinent. Hier hat China viele Jahre diskret und effizient Dutzende Staaten wirtschaftlich wie auch politisch durchdrungen und eine Vormachtstellung aufgebaut, die niemand China so schnell wieder streitig machen wird.

China benützt und nützt Afrika

Betrachtet man die Arbeitsverhältnisse in der Erdöl- und Erdgasbranche zwischen Algerien und Angola, so lässt sich folgendes beobachten. Während ein westlicher Konzern, seinen Expat-Mitarbeitern, also jenen auf Auslandseinsatz, Zusatzzahlungen für Risiko, Heimaturlaub und Zulagen für die nachgezogene Familie ermöglicht, arbeitet der chinesische Facharbeiter oder Ingenieur mehrere Jahre ohne Heimaturlaub sechs Tage in der Woche und eröffnet am siebenten Tag sein Geschäft für Plastikspielzeug. Die Durchdringung des afrikanischen Kontinents durch asiatische, v. a. chinesische aber parallel auch indische, Unternehmen, ob privat oder in Staatsbesitz, ist allumfassend. Egal, ob in der sambischen Kupfermine oder im Straßenbau in Angola, es sind chinesische Investoren, die in vielen afrikanischen Staaten dazu beitragen, dass ein neuer Mittelstand entsteht, Menschen aus der absoluten Armut herauskommen.

Während Europa offenbar erst im Jahre 2016 begriff, dass die afrikanische Küste jener Europas gegenüberliegt, engagierte sich China bereits über die letzten 20 Jahre in fast allen Regionen des Kontinents. Aus europäischer Perspektive ist Afrika entweder ein sicherheitspolitisches Problem, wie die Migrationsdebatte täglich neu vorführt, oder ein entwicklungspolitisches Zielland von Hilfszahlungen. China hingegen nimmt Afrika als potentiellen Markt mit wirtschaftlichen Chancen wahr. Ein beispielhaftes Projekt wurde im Frühjahr 2017 fertiggestellt. Eine von China mitfinanzierte und erbaute Eisenbahnstrecke verbindet in Kenia die Hafenstadt Mombasa mit der Hauptstadt Nairobi. Die rund 500 Kilometer lange Strecke kostete etwa 3,4 Mrd. Euro und wurde zu 90 Prozent mit einem chinesischen Kredit finanziert. Die neue Strecke ist Teil eines geplanten Bahnnetzes, das die Nachbarländer Uganda, Ruanda und Südsudan mit Mombasa verbinden wird. Es handelt sich um die ersten großen Eisenbahn-Bauten seit dem Ende der britischen Kolonialzeit. China will mit diesen Infrastruktur-Investitionen zeigen, dass es nicht bloß an den Rohstoffen interessiert ist, die zu allen Zeiten mehr Afrikas Fluch als Segen waren, sondern Afrika Wohlstand bringen möchte. Langfristig sollen wohl die chinesischen Fabriken in Afrika jene in China ersetzen, wo mit steigendem Lohnniveau das Auslagern nach Afrika die Folge sein könnte. Afrika würde dann zur verlängerten Werkbank Chinas werden. Die nächste Generation an Konsumgütern und vor allem Agrarprodukten würde dann über chinesische Cargos vom afrikanischen Kontinent in die restliche Welt exportiert werden. Das fortschreitende „land grabbing", also der massive Kauf von landwirtschaftlichen Nutzflächen unter oft rechtlich wie politisch dubiosen Bedingungen, wird von chinesischen Firmen gleichermaßen praktiziert wie von indischen und diversen Staatsfonds aus dem arabischen Golf. Der frühere Generalsekretär der FAO, des UNO-Welternährungsprogramms, sprach noch 2010 in seiner Amtszeit von „Neokolonialismus" der Chinesen auf dem afrikanischen Kontinent.

China war in der Vergangenheit stets bereit, sogenannte „Paria-Staaten", also die vom Westen geächteten, zu fördern. Chinesische Erdölfirmen machten aus dem Sudan 2005 einen Netto-Erdölexporteur. Infolge der von der UNO und den USA betriebenen Teilung des Sudan 2011, wobei der neue Staat Südsudan aufgrund von Stammesfehden im Chaos versinkt, sind die Ölexporte aus dem rohstoffreichen Süden zu den Terminals im Norden stark zurückgegangen.

China bemüht sich jedoch im Hintergrund um einen pragmatischen Zugang zu allen Kriegsparteien, dabei steht die Abwicklung des Ölexports zweifellos im Vordergrund. Peking bringt sich im Rahmen des Möglichen diplomatisch ein, doch ein Stammeskrieg mit Macheten und Vergewaltigungen ist kaum einzudämmen, indem ein Embargo verhängt wird, wie dies die EU und USA nun handhaben. Die chinesischen Vermittler arbeiten mit allen Konfliktparteien und vor allem sehr diskret, was in der Diplomatie letztlich entscheidend ist.

Die westlichen Kritiker der chinesischen Allianzen mit Autokraten müssen sich die Frage gefallen lassen, ob der Westen mehr zur Entwicklung oder Entschuldung der afrikanischen Staaten beiträgt als die Asiaten. Der Leistungsausweis der Entwicklungszusammenarbeit der EU ist ernüchternd, zumal alte Stereotypen in dieser „Mitleidsindustrie", wie sie afrikanische Gesprächspartner oft bezeichnen, weiterwirken. Die Bevormundung und die Verfestigung von Abhängigkeiten werden in der Entwicklungszusammenarbeit gepflegt. Unternehmen hingegen schaffen Arbeitsplätze und fördern damit die Selbstständigkeit, ob von Individuen oder Staaten.

Auch wenn die EU gerne darauf verweist, die Nummer Eins in der Entwicklungszusammenarbeit zu sein,[23] so geben offizielle Stellen und auch Unternehmer von Addis Abeba bis Kapstadt doch zusehends China den Vorzug. Nichteinmischung in innere Angelegen-

---

[23] *Die EU allein gibt seit mehr als 50 Jahren jährlich drei bis vier Prozent ihres Budgets über die Entwicklungszusammenarbeit (EZA) nach Afrika. Die Official Development Assistance der gesamten EU belief sich 2015 auf 68 Milliarden Euro; davon wurden 20 Milliarden zur Bekämpfung von Migrationsgründen in Afrika aufgewendet. Für den Zeitraum 2014-2020 wendet die Europäische Kommission mehr als 31 Milliarden für EZA in Afrika auf.*

heiten, keine langen Formulare zu Genderfragen und kein Risiko, dass es wegen innenpolitischer Verwerfungen zu Sanktionen kommt sind Grund genug v. a. für staatliche Auftraggeber, lieber mit chinesischen Partnern zu arbeiten. China geht auf gleicher Augenhöhe auf Regierungen in Afrika zu. Weniger gesellschaftspolitische Fragen, wie Wahlreformen und Menschenrechte, sondern handfeste Interessen dominieren im Verhältnis zwischen China und afrikanischen Staaten, v. a. in Subsahara Afrika. Wirtschaftstreibende aus Asien handhaben solche Situationen anders als es die Bevormundung der westlichen Entwicklungsorganisationen zulässt, wo oft der moralische Zeigefinger im Vordergrund steht. Afrikanische Offizielle haben heute eine Alternative zur europäischen und nordamerikanischen Entwicklungszusammenarbeit. Süd-Süd-Kooperation heißt das gewisse Zauberwort, das China in seinen Investitionen in der südlichen Hemisphäre immer einbringt.[24]

[24] *http://www.focac.org/eng/zfgx/ abgerufen am 16. 6. 2017 um 23:00*

Die schöne neue Welt der Süd-Süd-Kooperation

Chinesische Offizielle verweisen in ihren Reden auch gerne darauf, dass China ebenso wie viele andere Völker das Joch der europäischen Ausbeutung während der Kolonialisierung erfahren habe. Damit spielt Peking klug aber auch etwas riskant auf der Klaviatur der afrikanischen Ressentiments gegen die einstige Repression aus dem Norden. Denn die Rolle des Kolonialismus wird von Geber- und Empfängerstaaten in der Entwicklungszusammenarbeit immer noch gerne ins Treffen geführt. Die chinesische Präsenz in Afrika ist nicht das Ergebnis von Kolonialisierung, sondern vielmehr von Globalisierung, so der Grundtenor der Chinesen, auch wenn China im Kalten Krieg indirekt auch schon mitmischte und diverse Befreiungsarmeen unterstützte. Wie mit der massiven chinesischen Präsenz vom Handel bis zur Landnahme durch Investitionsfonds auf der Suche nach Agrarflächen, umzugehen ist, wird wohl zusehends zum afrikanischen Politikum werden.[25] Hinzu kommen die Modalitäten der Rückzahlung der Milliardenkredite, die China an seine afrikanischen Partner vergeben hat. Denn vorerst wird großzügig bei Niedrigzins investiert, doch wenige Infrastrukturvorhaben sind „grants", also Zuwendungen, die Mehrheit der chinesischen Projekte werden auf Darlehensbasis vergeben.

---

[25] https://www.africaresearchinstitute.org/newsite/publications/between-extremes-china-and-africa/ abgerufen am 15. 6. 2017 um 22:05

Doch China ist nicht nur an Rohstoffen interessiert, sondern will eine Industrialisierung Afrikas vorantreiben. Laut Deborah Brautigam, Autorin einer Studie über chinesische Unternehmen und Geschäftspraktiken in Afrika, sind die Ansätze dazu vorhanden.[26] Bereits 2009 fanden sich mehr als 20 Prozent aller chinesischen Auslandsinvestitionen in Afrika wieder. Chinas Unternehmer haben seit Beginn der Nullerjahre die liberalen Wirtschaftsreformen genutzt und lassen vermehrt in afrikanischen Staaten produzieren, wobei es um Wertvermehrung und keinesfalls um Wegwerfware geht. Die Ära der chinesischen Sandalen und Billigtextilien neigt sich ihrem Ende zu, wie man in einigen afrikanischen Staaten beobachten kann. Haier und ZTE, chinesische Hersteller von Haushalts- und Kommunikationsgeräten, montieren Kühlschränke in Nigeria und Mobiltelefone in Äthiopien. In Tansania, Nigeria und Madagaskar haben chinesische Pharmafirmen bereits die letzten zehn Jahre in großem Stil investiert. Der etwas arrogante Blick des Westens auf Billigware made in China ist längst überholt.

In einigen afrikanischen Staaten, so unter anderem in Algerien und Sambia, erhebt sich jedoch bereits seit Jahren die ansässige Mehrheitsbevölkerung gegen die neue chinesische Geschäftswelt[27]. Es ist die Sorge um die Verdrängung afrikanischer Produkte und heimi-

[26] *Deborah Brautigam. The Dragon's Gift: The Real Story of China in Africa. Oxford 2009*

[27] *Aufstände und Vandalismus gegen die erfolgreichen Asiaten finden – ob aus bloßem Neid oder tatsächlicher Benachteiligung - von Australien bis Kalifornien in Intervallen statt. Teils erheben sich andere Minderheiten, so in den USA, wo die statistisch eher erfolglosen Afro-Amerikaner wütend auf ihre chinesischen Nachbarn und deren kleinen Wohlstand sind; oder andere weniger erfolgreiche Migranten, so zum Beispiel jene arabischer Herkunft, randalieren in Australien gegen die zugewanderten Asiaten, deren Kinder rascher in der Gesellschaft aufsteigen.*

scher Kleinunternehmer.[28] Den chinesischen Verantwortlichen ist dieses Risiko bewusst. Verhaltensregeln für Firmenangehörige in Auslandseinsätzen, also chinesische Expats, sollen solche brisanten Situationen vermeiden helfen.

China war, ist und bleibt auf absehbare Zeit der zentrale strategische Investor. Diese Rolle Pekings werden auch sämtliche nun von der EU hastig nachgereichten Pläne für Afrika nicht streitig machen. China nickt freundlich zum ehrgeizigen Plan „Compact Africa" von Bundeskanzlerin Angela Merkel, der beim G20 Treffen in Hamburg im Juli 2017 beschlossen wurde. EU-Gremien werden seit 2015, dem offiziellen Beginn der Migrationskrise, nicht müde, einen europäischen Marshall-Plan für die arabische Welt oder gleich für den gesamten arabischen Kontinent einzufordern. Dabei entgeht den Verfassern dieser Forderungen und Konzepte ein wesentliches Momentum: interessante Projekte sind schon lange vergeben. Was nicht in chinesischer oder indischer Hand ist, wird von türkischen und traditionell libanesischen Geschäftsleuten bearbeitet. Turkish Airlines hat sein Streckennetz umfassend in Afrika ausgebaut, türkische Konsulate wurden vielerorts eröffnet. Auf einen EU-Investitionsplan wartet niemand, zudem werden sich Unternehmen mit einem EU-Firmensitz hüten, mit den EU-Vorgaben zur Arbeitszeit und anderen Themen, in einem Public-private Partnership in Nigeria oder Uganda mitzuwirken.

Chinesische Unternehmer und Staatskonzerne werden ihre Interessen auf dem afrikanischen Kontinent von Militärbasen am Horn von Afrika bis hin zu Solarparks, Blauhelm-Einsätzen und vor allem Rohstoff-Exploration weiter vorantreiben. In eine ähnliche Richtung gehen die chinesischen Ambitionen im Nahen Osten, von der Ara-

---

[28] *Eric Nguyen, Les relations Chine-Afrique. Quercy 2009*

bischen Halbinsel bis zum Persischen Golf. Immerhin lagern hier die wichtigsten Erdöl- und Erdgasreserven der Welt. Zudem sind sie von guter Qualität für die Verarbeitung zu Treibstoff und zu geringen Förderkosten relativ leicht zu explorieren. Genau darin liegt die Attraktivität des irakischen Erdöls und des iranischen Erdgases.

Während die USA infolge ihrer unkonventionellen Produktion, also des Frackings von Schieferöl und Schiefergas, ihre Importabhängigkeit vom Nahen Osten im letzten Jahrzehnt massiv reduzieren konnten, die Europäer an ihren Energiewenden teils arbeiten, ist der Nahe Osten zur wesentlichen Tankstelle der Asiaten geworden. Bereits seit 2006 gehen die Exporte der OPEC, der Organisation Erdöl exportierender Länder, in erster Linie in den Osten. Die traditionellen Erdölimporteure hingegen sind nicht mehr die erste Adresse des nahöstlichen Erdöls. Und genau diese Region behält China nunmehr auch über das Projekt Seidenstraße im Auge. Denn während China eben seine „Go West"-Strategie minutiös umsetzt, drehen die Pipelines, Airlines und Handelsströme von Nordafrika über die Arabische Halbinsel bis in den Persischen Golf nach Osten.

Die Seidenstraße führt in den Nahen Osten

Die Suezkrise im Herbst 1956 wird im historischen Rückblick als offizielles Ende der britisch-französischen Kolonialpolitik betrachtet. Hintergrund war die Verstaatlichung des Suezkanals unter dem ägyptischen Staatschef Gamal Abdel Nasser. Die USA warfen Großbritannien und Frankreich vor, mit ihrer versuchten Intervention und dem Ziel Regimewechsel kolonialistische Kanonenboot-Politik zu betreiben. Washington plädierte für ein Einschreiten der UNO. In der Folge übernahmen die USA zunehmend die einstige Rolle der Briten als Ordnungsmacht und militärischer Verbündeter der Golfstaaten. Die Liste ihrer Invasionen wurde ab nun immer länger und kulminierte in den sogenannten humanitären Interventionen und Regimewechseln im Irak 2003 und in Libyen 2011, die vielen verdeckten Missionen der CIA seien gar nicht erwähnt.

So wie andere Epochen zuvor, geht auch diese Ära zu Ende. John Kerry, Außenminister unter US-Präsident Obama, formulierte das nachlassende Interesse der USA an der Region in einem Interview, wie folgt: „Der Nahe Osten kostet uns 90 Prozent unserer Nerven, betrifft aber nur zehn Prozent unseres Handels."[29] Die USA begannen im Prinzip bereits gegen Ende der Administration George W. Bush, also zwischen 2006 und 2008 und Jahren des Scheiterns, ihren allmählichen Rückzug aus der Region. Die militärische Situation im

---

[29] *Es handelt sich um ein BBC-Interview im Jahre 2015, das die Autorin nicht mehr mit der exakten Quellenangabe eruieren kann.*

Irak, sowie das Patt in den israelisch-palästinensischen Beziehungen einerseits und die wachsende nordamerikanische Erdölproduktion im unkonventionellen Bereich andererseits, also die Fracking-Industrie, haben in Washington zu folgender Schlussfolgerung geführt: „They don't like us and we don't need them." Zeitgleich wuchs der Argwohn gegenüber den USA unter verbündeten arabischen Regierungen wie auch in Israel.

Angesichts der US-Rolle beim Sturz von Präsident Hosni Mubarak in Ägypten, dem iranischen Atomabkommen und der intensiven Beziehungen, welche die USA zu den Muslimbrüdern unterhielten, kam es zu einer wachsenden Entfremdung zwischen Riad und Washington. Noch lange vor dem Ausbruch der Ukraine-Krise formulierte der damalige saudische König Abdallah seine nüchterne Einschätzung: „Die Welt erinnert an ein Flugzeug, in dem Putin der Pilot ist und Obama nur ein Passagier."

Zwar nahmen das kommunistische China und die Theokratie Saudi-Arabien erst 1992 diplomatische Beziehungen auf, doch diese intensivierten sich mit hochrangigen Besuchen und dem Ausbau des Handelsvolumens binnen weniger Jahre und stellten jene zu den USA allmählich in den Schatten. Vielleicht war dies mit ein Grund, warum die erste Auslandsreise des neugewählten US-Präsidenten Trump im Mai 2017 ausgerechnet nach Saudi-Arabien führte. Wären da nicht die großen US-Waffenlieferungen an Saudi-Arabien, würde China im Verhältnis zur Arabischen Halbinsel die USA finanziell ausstechen. Im März 2017 unterzeichneten China und Saudi-Arabien Absichtserklärungen und Investitionsvereinbarungen im Wert von 65 Milliarden US-Dollar. Über den Sektor Energie hinaus soll die Kooperation in Raumfahrt und Finanzen gestärkt werden. China ist seit 2015 der wichtigste Handelspartner von Saudi-Arabien und einer der größten Abnehmer von saudischem Erdöl. König

Salman sucht angesichts des niedrigen Erdölpreises nach anderen Einnahmequellen. Riad unternimmt den aktuellen Anlauf für eine Diversifizierung der saudischen Wirtschaft auf Basis des von der Beratungsfirma McKinsey verfassten „National Transformation Plan". Vergangene Versuche, die von ausländischen Arbeitskräften und zu 95 Prozent vom Erdölexport bestimmte saudische Wirtschaft zu reformieren sind gescheitert. Solche Experimente werden meist zu Zeiten des niedrigen Erdölpreises gemacht, doch verfügt Saudi-Arabien weder über einen funktionierenden Arbeitsmarkt noch über die erforderliche Rechtssicherheit, um ein neues Wirtschafts- und Gesellschaftssystem aufzubauen. Allein der Vorschlag, Steuern einzuführen würde die feudale Lehenspyramide, welche der Stamm Saud dirigiert, zum Einsturz bringen. Denn es gilt der alte englische Spruch „no taxation without representation", also keine Besteuerung ohne entsprechende Mitwirkung der Steuerzahler. In einem solchen Falle würde das Land, das nach der Familie Saud benannt ist, wohl seinen offiziellen Staatsnamen ändern.

Nimmt man die wichtigen Energie- und Infrastruktur-Projekte, die China in der Region verfolgt, so ist vor allem der Iran für Peking interessant. Der Staatsname Iran, der übrigens 1935 wieder an Stelle von Persien eingeführt wurde, verweist auf die „Aryan", also die arische höherstehende Zivilisation, welche die Iraner für sich beanspruchen.[30] Der Iran ist neben China der zweitälteste Staat, es geht

---

[30] *Die Idee hierfür kam eventuell aus Berlin, der Name von Joseph Goebbels fällt in dem Zusammenhang immer wieder. Der Putschist Reza Pahlevi, der sich zum neuen Schah 1925 erklärt hatte, war von der nationalsozialistischen Ideologie fasziniert und suchte die Allianz mit Berlin, nicht zuletzt, um den Iran aus der sowjetisch-britischen Umklammerung zu lösen. Er wurde 1941 von den Alliierten wegen seiner Unterstützung Deutschlands zugunsten seines Sohnes abgesetzt. Diese „Dynastie" endete 1979 mit der Islamischen Revolution.*

um durchgehende Staatlichkeit, die nur diese beiden Nationalstaaten aufweisen können. Der Iran kennt mehrere Ethnien, eine darunter ist jene der Perser, auch Kurden auf iranischem Staatsgebiet sehen sich in erster Linie als Iraner. Beide Völker, Iraner wie Chinesen, pochten seit jeher auf ihre Zivilisation. So wie China nunmehr wieder die chinesische Kultur in den Vordergrund schiebt und die kommunistische Ideologie damit an Bedeutung verliert, betont der Iran in erster Linie seine Kontinuität von Jahrtausenden iranischer Staatlichkeit und persischer Kultur. Die Islamische Republik Iran wurde 1979 gegründet und sorgte mit ihrem „Export der Revolution" in Peking für gewisse Unruhe. Denn islamistischer Fundamentalismus ist als Bedrohung ganz oben auf der chinesischen Agenda. Doch China wurde zum wesentlichen Handelspartner des seit 2006 zunehmend boykottierten Iran. China beteiligte sich zwar an den UN-Sanktionen, die erst im Februar 2016 wieder aufgehoben wurden, doch florierte der bilaterale Handel auf Basis von Tauschgeschäften. Mit dem Wegfall des Swift-Systems zwischen Dezember 2012 und Februar 2016 wurde eben ein „Bartering" eingeführt, welches zum Vorteil Pekings noch viel Raum für chinesische Konsumartikel bietet. China importierte weiterhin iranisches Erdgas und verfügt gegenwärtig über ein entsprechendes noch zu füllendes Handelsvolumen. Neben den unmittelbaren Nachbarstaaten, wie Irak, Afghanistan und Pakistan, kommt logischerweise China als wichtigster Handelspartner des Iran bei der Auftragsvergabe stark zum Zug.

Auf Chinesisch heißt Iran ein Land in Westasien bzw. Tor nach Asien. Dieser Name sagt auch viel über das iranische Selbstverständnis aus, wonach Teheran sich nicht nur als Macht am Persischen Golf sieht, den die arabischen Nachbarn Arabischen Golf nennen. Vielmehr streckt der Iran seine Fühler nach Zentralasien aus. China und der Iran werden daher zukünftig ihre Beziehungen in der

Region stärker koordinieren müssen. Was die beiden verbindet sind Geschichte, nationales Selbstbewusstsein und eine Handelstradition, die auf gemeinsamen Karawanenrouten beruht. Seit Februar 2016 verbindet eine Eisenbahnlinie von rund 5.000 Kilometern Shanghai mit Teheran. China kann derart seine Cargo Container mit Konsumgütern leichter in die iranischen Handelszentren liefern als dies per Schiff möglich wäre. Vor dem Verfall des Erdölpreises im Sommer 2014 betrug das Handelsvolumen rund 52 Milliarden US-Dollar.

Der Iran ist als Erdgaslieferant für China langfristig viel relevanter als Saudi-Arabien mit seinen Erdölexporten. Die iranisch-chinesischen Pipeline-Verbindungen laufen über Turkmenistan und zukünftig auch stärker über Pakistan, wo der Pakistanische Energiekorridor ein wesentliches Element des OBOR-Plans bildet. China investiert in dieses Projekt rund 45 Milliarden US-Dollar, wobei es um Wegeverbindung in Form von Straßen, Schienen und auch einer Datenkonnektivität für Stromübertragung zwischen dem pakistanischen Hafen Ghwadar und der autonomen chinesischen Provinz Xinjiang geht. Sollte das Projekt in allen Facetten umgesetzt werden, würde der Gesamtwert den aller seit 1970 in Pakistan getätigten ausländischen Investitionen übertreffen.

Bewahrung und Neuordnung in der nahöstlichen Welt

China muss mit viel Fingerspitzengefühl seine Beziehungen zu Saudi-Arabien und dem Iran ausbalancieren. Denn die von Riad betriebene politische Offensive gegen Teheran, so im Fall der Katar-Krise und des Jemenkriegs seit 2015, belastet die chinesischen Handelsambitionen in der Region des Persischen Golfs und der Arabischen Halbinsel. So möchte sich China jedoch am saudischen Public Investment Fund (PIF) beteiligen, der bei planmäßiger Umsetzung die Nummer 13 unter den Staatsfonds wäre. Noch mehr als den Europäern und den USA ist China bewusst, dass von entscheidender Bedeutung für die nahöstliche Region bzw. die gesamte Welt ist, wie die Saudis ihr Geld ausgeben. Saudi-Arabien steckt seit März 2015 im Krieg im Jemen fest, den Kronprinz Mohammed bin Salman vom Zaune gebrochen hatte, um die Atomgespräche zwischen den USA und dem Iran zu stören. Dieser Krieg kostet abgesehen vom menschlichen Leid der Jemeniten Monat für Monat das Haus Saud einige Milliarden US-Dollar, zudem finden sich kaum noch Söldner, die bereit sind zu kämpfen. Im Juni 2017 hat selbiger Kronprinz, nunmehr von Platz 2 in der Thronfolge auf Platz 1 vorgerückt, die schwere Krise mit Katar provoziert.

China beobachtet mit Argusaugen die innenpolitischen Vorgänge auf der Arabischen Halbinsel, wo es angesichts der vielen Spannungen und vor allem wegen des niedrigen Ölpreises, der nur mehr wenig Spielraum lässt, jederzeit zu Palastrevolten kommen kann. Wer weiß, ob dann China im Sinne der Stabilisierung aktiv einschreitet und welche Folgen dies zeitigen würde. Ein prochinesischer Oberst, der die nahöstliche Konkursmasse verwaltet und chinesischen Einfluss auf das größte Erdölfeld der Welt, Ghawar, im Nordosten Saudi-Arabiens absichert? Eine solche Vorstellung mag noch abwegig klingen, aber die Wachablöse, von der hier die Rede ist, findet sehr eindrücklich im Nahen Osten statt. Wie einst die Beduinen und Händler im Persischen Golf den Portugiesen dienten, dann den britischen Kolonialherren frisches Wasser und Nahrung für die Flotten nach Indien lieferten, rückt nun China immer klarer in jene Positionen ein, welche die USA offenbar aufgeben.

Im kriegszerstörten Irak sind es vor allem chinesische Firmen, die allen Widrigkeiten zum Trotz präsent sind und ihre Investitionen ausbauen, nachdem die USA sämtliche ihrer Pläne für das große Geschäft im Irak mit dem Sturz von Saddam Hussein im Frühjahr 2003 infolge der innerirakischen Kriegswirren und der völligen politischen Überforderung aufgegeben hatten. Die chinesischen Investitionen reichen von der Erdölindustrie über Konsumgüter bis zur Verbesserung der Verkehrswege. Bauten zu Beginn des 20. Jahrhunderts deutsche Ingenieure die legendäre Berlin-Bagdad-Eisenbahn, ein Vehikel der Globalisierung anno 1900, sind heute chinesische Ingenieure daran interessiert, die Zugsverbindungen von Shanghai nach London über den wichtigen Verkehrsknotenpunkt Istanbul zu verbessern.

Eisenbahn-Abkommen waren für die Neugestaltung der Landkarte nach dem Zusammenbruch des Osmanischen Reiches wichtige Referenzen. In gewisser Weise scheint China die Geschichte mit Hochgeschwindigkeitszügen dort fortzusetzen, wo sie vor dem Ersten Weltkrieg stehen blieb, als die Ingenieure der europäischen Kolonialmächte ihre Bahntrassen für die Hedschasbahn entlang der Küsten am östlichen Mittelmeer und quer über die Arabische Halbinsel verlegten. Die Eisenbahnprojekte waren nicht nur ein Mittel der Verbindung, sondern sie teilten auch die Einflusszonen im Osmanischen Reich auf. Die Geschichte schwingt also bei allem mit. Ahistorisch denkende Politiker und deren Funktionäre, wie sie vor allem in den europäischen Institutionen anzutreffen sind, können mit diesen Zusammenhängen wenig anfangen. In China weiß man aber auf Kaderebene ebenso wie in den politischen Entscheidungsgremien in größeren geschichtlichen Perioden zu denken und zu handeln. An die einstigen chinesisch-arabischen Karawanenstrecken nun im 21. Jahrhundert unter neuen Vorzeichen anzuschließen ist ein Thema, das Wirtschaftsforen und Universitätsseminare schon seit bald einem Jahrzehnt bewegt, wie die Autorin bei ihren Reisen nach China feststellen konnte.

Chinesische Balance zwischen Arabischer Halbinsel und Persischem Golf

Die Spannungen zwischen Riad und Teheran schwingen auf und ab, das war schon so vor der Islamischen Revolution 1979. Da der Iran mit seiner alten Geschichte und dem Überheblichkeitskomplex kultureller Arroganz, dort die neureichen Saudis und zerstrittene Nomaden, deren Staat erst 1932 geschaffen worden war. Mit der Verschärfung der konfessionellen Gewalt zwischen Schiiten und Sunniten ist die Beziehung trotz aller bilateralen Lösungssuche mehr als angespannt. Hierzu trägt zweifellos auch Kronprinz Mohammed bin Salman bei, der „bei dem Versuch noch zu Lebzeiten seines Vaters, König Salman, alle Macht in seinen Händen zu monopolisieren, überreizen könnte". So klar formulierte diese Befürchtung der deutsche Bundesnachrichtendienst BND im Dezember 2015. Eine aufschlussreiche Analyse wurde offenbar bewusst an die Medien weitergegeben. Aus dem Dokument geht hervor: Die traditionelle Scheckbuch-Diplomatie der konservativen Saudis, die bislang mehr an Wahrung der Verhältnisse als an Umbruch interessiert waren, ist einer impulsiven und interventionistischen Linie in Riad gewichen.[31]

Sollte es zu Unruhen in Saudi-Arabien kommen und die Tagesproduktion von rund zwölf Millionen Fass pro Tag gefährdet sein, wer-

---

[31] *Spiegel online vom 2. 12. 2015 http://www.spiegel.de/politik/ausland/ bundesnachrichtendienst-warnt-vor-interventionspolitik-saudi-arabiens-a-1065643.html*

den zweifellos wieder heftige Preissprünge nach oben einsetzen. Es würde sich dann auch die zutiefst beunruhigende Frage stellen, wer Zugriff auf das saudische Waffenarsenal bekäme. Der Zuspruch zur Terrormiliz IS ist unter den saudischen Jugendlichen sehr stark ausgeprägt. China könnte sich im Fall eines solchen Szenarios als Pate eines Regimewechsels stark machen. Viele arabische Gesprächspartner unter politischen Analysten blenden zwar noch die politische Rolle Chinas in der Region aus, doch überschätzen sie vielleicht das zukünftige Engagement der USA für die noch amtierenden arabischen Regime. Was im Frühling 2011 als arabische Revolte in Nordafrika begann, in einigen Staaten, wie Syrien und Libyen, zum totalen Krieg ausartete, scheint nun auch die wohlhabenden Golfstaaten zu erfassen. Hier steht aber neben innenpolitischen Umbrüchen und Islamismus noch sehr viel mehr auf der Agenda: Rohstoffe, Machtkämpfe zwischen Generationen und Cliquen, sowie große Finanzströme. Die Abhängigkeit des Westens von den arabischen Golfstaaten ist heute nicht mehr von Erdöl bestimmt, sondern von den großen Veranlagungen arabischer Staatsfonds in französischen Banken, deutschen Automobilkonzernen, dem Londoner Immobilienmarkt etc. Der katarische Finanzminister Ali Sherif Al-Emadi brachte es mit folgendem Satz auf den Punkt: „Wenn wir einen Dollar verlieren, dann verlieren sie auch einen."[32]

China wird im Falle massiver geopolitischer Umbrüche auf der Arabischen Halbinsel sehr viel mehr als die USA gefordert sein, wenn es um die Reaktion der Staatengemeinschaft geht. Ein Staatswesen wie China, das keine Staatsreligion kennt, könnte in dieser seiner neuen nahöstlichen Einflusszone die Karten neu aufmischen. Denn

[32] *Handelsblatt vom 12 6. 2017:*

http://www.handelsblatt.com/politik/international/katar-krise-wenn-wir-einen-dollar-verlieren-dann-verlieren-sie-auch-einen/19921132.html

China wird weder die schiitische noch die sunnitische Seite instrumentalisieren, sondern vielmehr seiner pragmatischen Linie treu bleiben, in der religiöse Themen keinen Platz haben. Es waren zuvor die europäischen Kolonialmächte und in der Folge die USA, welche die konfessionelle Frage im Nahen Osten stets für ihre politischen Zwecke bedient haben. Dass der radikale politische Islam vor allem über die saudischen Wohltätigkeitsvereine von Westafrika über den Balkan bis nach Südasien so mächtig geworden ist, hat viel mit der westlichen Unterstützung für die Financiers dieser zwielichtigen Nichtregierungsorganisationen zu tun. Es waren die USA, welche stets die Religion ins internationale Beziehungsgeflecht einbrachten. Angesichts der chinesischen Position zur Rolle von Religionen im öffentlichen Raum darf davon ausgegangen werden, dass China als Ordnungsmacht im Nahen Osten kein Interesse an einer Förderung und Instrumentalisierung des politischen Islam hat.

China als regionaler Hegemon

China plant fünf bis sechs Flugzeugträger, um seine internationalen Interessen und Territorien zu schützen, wie der chinesische Konteradmiral Yin Zhuo im Frühjahr 2017 ankündigte. Zum Vergleich: Die USA ließen im Juli 2017 ihren elften Flugzeugträger vom Stapel.[33] Doch bei aller Bedeutung dieses teuren Rüstungswettlaufs muss im Auge behalten werden, dass die USA im Wirtschaftskrieg China unterliegen könnten. Peking beabsichtigt demnach rund zehn Marinestützpunkte zu eröffnen, die sich auf jeden Kontinent verteilen sollen. Der Persische Golf, das Rote Meer und das östliche Mittelmeer werden zentral sein. Es geht politisch darum, Konkurrenten im Sinne der „Verneinung des Zugangs" (deny access) in die Schranken zu weisen. Auch für China wird die einstige britische Devise am Beginn des 20. Jahrhunderts gelten, nämlich „free passage through Suez to India", also freie Durchfahrt durch Suez. Diese Wasserwege haben nichts von ihrer strategischen Bedeutung verloren. Peking baut jedenfalls bereits vor. Syrien wie auch die Türkei könnten sich für eine solche Basis eignen. Der Dialog mit der Shanghai Cooperation Organisation findet vor allem mit der Türkei statt. Ebenso scheinen die Beziehungen Israels zu China entspannter als jene zur

---

[33] *Zwölf Jahre und 13 Milliarden USD haben die Arbeiten an der „Gerald R. Ford" gekostet. Bis das Schiff wirklich seine Arbeit aufnehmen kann, kann es noch vier Jahre dauern. Das hat eine Prüfung eines Ausschusses im Kongress ergeben, der verschiedene Verbesserungen angemahnt hat. Der Flugzeugträger war ursprünglich im Mai – bereits mit 32 Monaten Verspätung – von Huntington Ingalls Industries ausgeliefert worden.*

EU. Der israelische Premier Benjamin Netanyahu hält seinerseits die EU jedenfalls für „verrückt", wie aus einem Mitschnitt eines vertraulichen Gesprächs mit Ungarns Premier Viktor Orban im Juli bekannt wurde.[34] Mit China habe Israel keine Probleme, mit der EU aber sehr wohl, so der israelische Premier.

Der israelisch-palästinensische Konflikt sei in diesem Zusammenhang völlig ausgeblendet. Denn zum einen gilt die chinesische Doktrin der Nichteinmischung in innere Angelegenheiten, und aus der Warte Pekings sind zudem die Beziehungen zu Israel zwecks Transfer von Technologie sowie im Rüstungssektor wichtig. Zum anderen wird die Palästinafrage – jedenfalls bis zur nächsten Intifada, die am Tempelberg von Jerusalem sich seit Jahren anbahnt - von den anderen sehr turbulenten Entwicklungen im Nahen Osten überschattet. Dazu gehört jedenfalls die Levante, also der östliche Mittelmeerraum, wo neben dem Krieg in Syrien und der Transformation der Türkei in eine Islamische Republik, auch der Libanon seine Rolle spielt.

Wie so oft lässt sich im libanesischen Mikrokosmos von Beirut mancher Trend in der Region erkennen und einordnen. Die chinesische Botschaft hat im Libanon bereits zu Beginn der Nullerjahre ein Konfuzius-Institut an der jesuitischen Universität Saint Joseph

[34] *http://diepresse.com/home/ausland/aussenpolitik/5255106/Netanjahu_ Die-EU-ist-verrueckt*

abgerufen am 19. 7. 2017 „Es ist verrückt. Es ist tatsächlich verrückt", sagte Netanjahu da über die EU. „Es ist die einzige Vereinigung von Ländern in der Welt, die die Beziehungen zu Israel – das Technologie in allen Bereichen produziert – an politische Bedingungen knüpft. Sie sind die einzigen! Niemand macht das!" Er beschrieb, wie viel vernünftiger etwa China oder Indien seien. „Wir haben eine besondere Beziehung mit China", sagte er. „Sie kümmern sich nicht um politische Fragen."

einrichten lassen. China betreibt seine „soft power" über Auslands-
kultur um einiges effizienter als andere Staaten. Anstatt teure Im-
mobilien zu kaufen und Künstler über den diplomatischen Apparat
durch die Welt zu schicken, fügen sich die Konfuzius-Einrichtungen
in den regulären Universitätsbetrieb der Gaststaaten ein.

Sprachkurse und Kulturabende werden angeboten, doch das offizielle China hat stets ein wachsames Auge über das Programm. Die
Kinder zur Ausbildung nach China zu schicken, gewinnt unter den
libanesischen Trendsettern Anhänger. Doch die USA als Destinati-
on, ob für Studium, Finanzen oder zwecks Emigration dominieren
in der arabischen Welt allenthalben.

Als im Sommer 2006 ein kurzer aber sehr bedrohlicher Krieg zwischen der libanesischen Miliz Hisbollah und Israel tobte, war noch
nicht absehbar, welche weiteren Veränderungen im Nahen Osten
bevorstünden. Gleich nach Verkündigung der Feuerpause durch
den UN-Sicherheitsrat im August 2006 wurde über die Resolution
1701 die Neugestaltung der UN-Friedenstruppe UNIFIL (United
Nations Interim Force in Lebanon) beschlossen. Fast 17.000 Mann
hatte UNIFIL II zu Beginn, um die libanesisch-israelische Grenze
zu überwachen und die libanesische Armee zu stärken. Peking ohne
jegliches Naheverhältnis zum Libanon stellte sofort 1.000 Soldaten
dieser friedenserhaltenden Mission des UNO-Sicherheitsrates zur
Verfügung, während die ehemalige Mandatsmacht Frankreich Mo-
nate für ihre Entscheidung benötigte. Zudem halten sich chinesische
Marineinfanteristen im östlichen Mittelmeerraum auf, denn hier
treffen türkische, arabische und israelische Einflusszonen aufein-
ander. Die Erdgasexplorationen zwischen Zypern und Israel sorgen
zusätzlich für Begierden. Auch Russland baut in dieser Weltecke
seine Jahrhunderte alte Präsenz aus. China investiert in Blauhelm-
Missionen nicht bloß aus Solidarität mit den betroffenen Krisen-

gebieten, sondern vielmehr geht es darum, von Anbeginn bei politischen Prozessen dabei zu sein, Erfahrung zu sammeln und zum Ansprechpartner zu werden.

Bezeichnend für das chinesische Engagement in dem kleinen von Konflikten geplagten Land ohne Rohstoffe sind die Investitionen in den nordlibanesischen Hafen Tripoli, wo die Container mit chinesischen Schriftzeichen dominieren. Der Gouverneur der Stadt hatte die EU-Botschafter im Juni 2017 zum Hafenrundgang eingeladen, ihnen die Möglichkeiten für Beteiligungen vorgestellt und für europäisches Engagement geworben, wie es China bereits unternimmt. Die EU-Vertreter zeigten keinerlei Interesse an wirtschaftlicher Mitwirkung, weil hierfür die Entscheidungsmechanismen und Budgets innerhalb der Union fehlten. Für unrentable Seminare und NGO-Kurse aller Art, wobei der Leistungsnachweis meist fehlt, stellt die Delegation der EU jedoch Mittel zur Verfügung. Die EU tritt gegenüber dem Libanon gerne mit dem erhobenen Zeigefinger auf und fordert im Namen von Moral und Humanität gutes Verhalten der libanesischen Regierung gegenüber den syrischen Flüchtlingen ein, vergisst dabei aber die historische Belastung des Landes, so die Jahrzehnte der syrischen Besatzung. Den jungen Sachbearbeitern im Auswärtigen Dienst der EU fehlt es vielleicht manchmal an grundsätzlichen Kenntnissen und an grundlegenden diplomatischen Talenten, wie Höflichkeit und Diskretion. Mit der moralischen Bevormundung seiner arabischen, iranischen und israelischen Partner büßt die EU ihre Glaubwürdigkeit vollends ein. Langfristig wird China eventuell im Libanon nicht nur in Häfen investieren, sondern auch die Streitkräfte ausstatten, was bislang die USA und einzelne europäische Regierungen taten.

Orientierung kommt von Orient, so nahm manche Entwicklung, von der Erfindung des Ackerbaus bis zu den messianischen Heilsversprechen in dieser Weltecke ihren Anfang. China, der Ferne Osten/Extreme Orient, versteht sich gegenüber den Libanesen und Syrern als Partner auf Augenhöhe, der nicht Mores lehrt, sondern an Handelswegen interessiert ist. Genau darin liegt die Stärke der levantinischen Nachkommen, die sich von den religiösen Extremen wieder einmal erholen und das Kriegsbeil zu begraben scheinen. Mental fühlen sich die meisten Araber den Franzosen oder US-Amerikanern sowie auch ihren ausgewanderten Verwandten in Südamerika näher, doch die Attraktivität asiatischer Partner wächst. Wenn es nicht China ist, dann eben Südkorea und Indien. So bestellte Abu Dhabi Nukleartechnologie nicht in Frankreich, sondern in Südkorea, auch wenn sich Paris zuvor dafür eingesetzt hatte, dass die UN-Agentur für erneuerbare Energien IRENA im Emirat und nicht in Bonn, wo bereits ein entsprechender UN-Cluster zur Klimapolitik besteht, angesiedelt werden muss. Bei der Vergabe großer öffentlicher Aufträge, wie beispielsweise dem Bau von Atomkraftwerken, tendieren offenbar immer mehr Staaten eher zu Geschäftsbeziehungen mit einem Nicht-EU-Land, um nicht im Falle von Sanktionen um Ersatzteile bangen zu müssen.

Der Straßenverkehr liefert anschauliche Beispiele für diese Neuausrichtung. So war es einst der Mercedes, der die Straßen von Kairo bis Riad - ob als altes Taxi mit hohem Kilometerstand oder in der Version der teuren Limousine des Scheichs – dominierte. Das typische „Araberauto" ist schon lang nicht mehr der Mercedes, sondern der Toyota Pick-up der selbsternannten Gotteskrieger. Die Nachfrage nach deutschen Autos hält sich in Grenzen, die effizienten asiatischen Fahrzeuge dominieren das Straßenbild. Preis-Leistungsverhältnis und der grundsätzliche Wechsel des Images haben daran ihren Anteil. Die „Wachablöse" auf dem Automarkt hat lange vor dem Projekt Seidenstraße die Machtverhältnisse neu geordnet. Die Marktkräfte Angebot und Nachfrage wirken eben. Noch ist die chinesische Autoproduktion nicht in die Gänge gekommen, die japanischen und südkoreanischen Modelle dominieren. China bereitet sich aber auf die nächste Generation der Antriebstechnik vor, ob diese mehr in Richtung Elektromobilität geht oder völlig neue Motoren auf Basis von Wasserstoff die Mobilität der Zukunft bestimmen werden, wird sich aufgrund der technischen Fortschritte ergeben. China wird hierbei in der ersten Liga mitmischen und weiß um die Verwundbarkeit der arabischen Golfstaaten, die von der Erdölproduktion massiv abhängig sind. Was immer sich in der Automobilindustrie tun wird, hat entscheidende Folgen für den Erdölmarkt, denn über 60 Prozent der Rohölproduktion gehen ins Transportwesen. Die deutsche Automobilindustrie wird voraussichtlich am heftigsten getroffen werden mit all den Millionen Arbeitsplätzen, die daran hängen. China hatte in der Vergangenheit so manche Innovation in die Welt gesetzt – vom Schwarzpulver über das Papiergeld bis hin zur Wissenschaft - und wird dies wohl wieder in großem Stile tun. Das Nachsehen werden die sogenannten traditionellen Industriestaaten haben, die teils die Technologieführerschaft Chinas noch nicht richtig begriffen haben.

Die überlegene Zivilisation des Reiches der Mitte

Durchgehende Staatlichkeit von 3.500 Jahren macht aus China den ältesten Staat der Welt, auch wenn dieser im Laufe seiner Geschichte nicht immer ein Großreich war. Zersplitterung, Bürgerkriege, Invasionen und lange Perioden von Fremdherrschaft prägten das Land. Erst in der Dynastie der Qin (475 bis 22 v. Chr.) endete die „Zeit der streitenden Reiche". Es entstand ein Kaiserreich.

Es waren auch die zwei Opiumkriege, welche Briten und Franzosen im 19. Jahrhundert im innerlich zerrissenen Kaiserreich China führten, die heftige Zusammenstöße zwischen Europäern und Chinesen auslösten. Der Erste Opiumkrieg (1839 - 1842) endete mit der Niederlage Chinas, das zur Öffnung seiner Märkte und zur Duldung des Opiumhandels gezwungen wurde. Dieser Krieg war gewissermaßen der Anfang vom Ende der einst unumschränkten Hegemonialmacht. China driftete allmählich in die Situation, eine Art informelle Kolonie westlicher Mächte zu sein. Europäische Handelsunternehmen erwarben über privatrechtlichen Kauf Gebiete, terrae, und machten daraus Territorium. So entstand u. a. Hongkong. Infolge der militärischen Demütigung kam es auch zur einem lang nachwirkenden Knick des chinesischen Überlegenheitsgefühls. Wurden die ersten diplomatischen Heralde noch gedemütigt oder gar hingerichtet, so musste sich China letztlich in den Wirbeln des 20. Jahrhunderts in das noch immer gültige Staatssystem der Westfälischen Ordnung einfügen. Besucht man heute den Sommerpalast in Peking, dann wird man auch zu jenen Wohnräumen geführt, die nie renoviert wurden seit jenem Tag, als britische und französische Kavallerie durch die Anlage stürmten und das Mobiliar zerstörten. Chinesischen Schulkindern und ausländischen Gästen wird gleichermaßen erklärt, wie barbarisch eben jene Europäer einst vorgingen.

China begann sich mit der Kunst der Diplomatie, also des Interessensausgleichs mit anderen Staaten, erst Mitte des 19. Jahrhunderts zu befassen. Zuvor hatte es schlicht keine Notwendigkeit dafür gegeben. Der Kaiserhof sah auch die neue Ära, mit Gesandten zu verhandeln, nur als vorübergehende Zwischenphase an, denn letztlich würde China die triumphierende Zivilisation sein. Selbstbeherrschung, eine wesentliche Tugend im Konfuzianismus, wurde jedenfalls als Mittel der Diplomatie eingesetzt. So lautete einer der Ratschläge, die der Mandarin Li Hongzhang, erteilte: „Bei Deinen Zusammentreffen mit Ausländern sollten Dein Gebaren und Verhalten nicht zu erhaben sein, und du solltest immer einen leicht zerstreuten, nonchalanten Ausdruck machen. Lass es so aussehen, als ob du ihre Beleidigungen, ihre Betrügereien und ihre Verachtung für alles wahrnehmen, aber doch nicht ganz verstehen würdest, indem du immer ein leicht dümmliches Gesicht machst."[35] Diese Taktik scheint zu funktionieren, wenn man beobachtet, mit welcher Arroganz oft westliche Staatenvertreter über ihr chinesisches Gegenüber hinwegblicken.

Der Begriff „Reich der Mitte" ist geprägt von der Vorstellung, dass die Chinesen den Mittelpunkt der Erde bewohnen, der auf der einen Seite von Meeren und auf der anderen von „Barbaren" umgeben ist. Letztere sind in den Augen und Nasen der Chinesen aufgrund

---

[35] *Henry Kissinger, China – zwischen Tradition und Herausforderung. München 2011, S. 87.*

von Geruch und Körperbehaarung ohnehin andere, optisch kurios anmutende Wesen, eventuell gar stinkende Langnasen. Zumindest fühlte sich die Autorin als solche in den Umkleidekabinen im Pekinger Hallenbad, wo schlicht keine körperliche Ausdünstung zu riechen ist, da Verdauung und Diäten eben anders funktionieren. China eignet sich daher auch nicht als großer Exportmarkt für Deodorants.

Auch wenn die chinesische Gesellschaft im Zuge der Öffnung seit den 1980ern mit viel Imitation und oft putziger Naivität an die westliche Welt sich herantastete, so schwang doch auch in jener Zeit der technischen und wirtschaftlichen Unterlegenheit immer die Überzeugung zivilisatorischer Überlegenheit mit. Das Reich der Mitte gilt aus chinesischer Sicht eben als eine vollendete Zivilisation. Dieses Selbstbild prägt gegenwärtig wohl wieder mehr denn je die chinesische Identität und findet Ausdruck in einem starken Patriotismus. Indes verändern sich auch die politischen Vorgaben.

Bezeichnend für diese mentale Haltung sind zwei Bücher, die in China zu Bestsellern wurden, auch wenn sie zweifellos nicht die offizielle Haltung der chinesischen Führung in ihren Erscheinungsjahren 2009 und 2010 widerspiegeln. Das Werk „Chinas Traum – Großmachtdenken und strategische Positionsbestimmung in einer postamerikanischen Welt" von Liu Mingfu, einem Oberst der Volksbefreiungsarmee und Professor an Chinas Universität für Landesverteidigung, atmet einen starken nationalistischen Geist. Der Autor geht von der Auffassung aus, dass der Westen noch viel schwächer ist als gedacht. China möge also seine Selbstzweifel überwinden und in kleinen Schritten zu seinem großen Ziel, sein historisches Sendungsbewusstsein zurückzugewinnen, gelangen.[36] Sieben

---

[36] *ibid. S. 518*

Jahre nach Erscheinen dieses Werks hat sich die Welt schon in diese Richtung verändert. Das andere Werk „China ist aufgebracht: eine große Ära, ein großes Ziel, unsere inneren Sorgen und äußeren Herausforderungen" geht in seiner Analyse noch ein großes Stück weiter, indem die USA und die Welt immer gefährlich und feindselige Kräfte bleiben, die „Handel mit vorgehaltenem Bajonett" betreiben. Die Hauptthese des Buches lautet, dass „Amerika kein Papiertiger sei", wie Mao es höhnisch zu nennen pflegte, sondern „eine alte Gurke, die man grün lackiert hat." Buchautoren mögen diese direkte Sprache[37] verwenden, das offizielle China pflegt die guten Sitten und hält den höflichen Umgangston in Ehren. Wem man all diese Strebsamkeit und großen Pläne nicht an der Nasenspitze ansieht, ist Xi Jinping. Er realisiert in vielen kleinen und immer größer werdenden Schritte genau diese beschriebenen Ideen.

[37] *ibid.*

Xi Jinping als Wegbereiter des neuen alten Reiches der Mitte

Chinas Präsident Xi Jinping strebt ein epochales Projekt an. Es geht ihm schlicht darum, China wieder zur einstigen – imperialen – Größe zu bringen und damit als die dominierende Weltmacht zu etablieren.[38] Die Idee des G2, also USA und China, anstelle der G7 (vormals G8 mit Russland) bzw. der G20, wäre damit perfekt. Xi ist zweifellos der wesentliche Rivale von US-Präsident Donald Trump, der mit seinem Wahlslogan „make America great again" ähnliche Ideen verfolgt.

Als Xi Jinping im Jahre 2012 Nachfolger von Staats- und Parteichef Hu Jintao wurde, kannten die Chinesen meist nur seine Ehefrau Peng Liyuan, Sängern und Generalmajorin der Armee-Kulturtruppe. Doch der Lebenslauf des Politikers, der seine Sporen sich teils mühsam in der Provinz erwarb, ist lesenswert. Als Sohn des ehemaligen Guerillakämpfers und späteren Vizepremiers Xi Zhongxun ist er ein „Prinzling". So nennen sich die Mitglieder jener einflussreichen Klasse von Söhnen und Töchtern von Parteimitgliedern, die dank ihrer Familienbande in der Hierarchie der Kommunistischen Partei aufstiegen. Für viele in der Generation von Xi (Jahrgang 1953) wurde aber die Kulturrevolution 1966 zur Schicksalswende. Der Vater musste ins Gefängnis, Xi zur Feldarbeit. Rote Garden tobten durch die Straßen auf der Suche nach vermeintlichen „So-

[38] https://www.welt.de/politik/ausland/article165514794/Wie-Xi-Jinping-zu-Trumps-maechtigstem-Rivalen-wird.html
abgerufen am 14. 6. 2017 um 14:00

wjetspionen" und „Konterrevolutionären". Er tritt 1974 der KP bei, während der Vater noch in Haft ist. Dafür erntet er Spott und Ablehnung seiner Freunde.

Still und konsequent arbeitet sich Xi in der Hierarchie hoch, befasst sich viel mit Theorie, unternimmt auch Reisen. 2007 macht ihn die Parteiführung zum Parteichef von Shanghai, wo ein Skandal den nächsten jagt. Xi soll hier aufräumen und er gilt bis heute als Saubermann, der sich aus Geld wenig macht und Handschlagqualität habe. Der Aufstieg geht weiter. Als langweilig beschreiben ihn manche, doch eine Depesche der US-Botschaft in Peking, die im Zuge der wikileaks-Veröffentlichungen im Dezember 2009 bekannt wurde, formuliert es so: Xi sei kein intellektueller Überflieger, aber berechnend, selbstbewusst und konzentriert (...), ein Realist und Pragmatiker, der (...) kalt zum rechten Zeitpunkt die richtige Karte ausspiele.[39] Seit seinem Antritt als Staatspräsident macht er weiterhin konsequent mit Bekämpfung der Korruption von sich reden. Seine Kritiker halten ihm vor, sich derart sämtlicher Konkurrenten zu entledigen.

Noch verfügt Xi Jingping aber nicht über das ideologische Mandat für seine „Go Global"-Politik, mit der er die USA herausfordert. Hierfür ist eine Basis in der Lehre der Kommunistischen Partei Chinas erforderlich. Dafür muss sich Xi Jingping den Titel des „Theoriegebers" erarbeiten. Vor ihm trugen Mao Tsetung und Deng Xiaoping diesen Titel. Nur Mao und Deng sind bislang im Parteistatut, der eine mit den „Mao-Ideen" über Chinas Revolution und der an-

[39] *http://www.spiegel.de/politik/ausland/chinas-neuer-starker-mann-xi-roter-als-rot-a-728624-2.html vom 4. 12. 2010 abgerufen am 15. 6. 2017*

dere mit der „Deng-Theorie" über Chinas sozialistische Marktwirtschaft.[40] Wer Theoriegeber ist, zu dem müssen sich alle bekennen.

Ende des Jahres 2017 werden die 2.300 Delegierten am 19. Parteitag voraussichtlich Xi für eine zweite Amtsperiode von fünf Jahren bestätigen. Der Plan ist, dass er zeitgleich zum Theoretiker in der Nachfolge von Mao und Deng ernannt wird. Gegenwärtig verfügt Xi bereits über eine größere Machtfülle als alle Vorsitzenden der Kommunistischen Partei vor ihm. Er ist in Personalunion Staats-, Partei- und Armeechef; zudem ließ er sich zum „Kern" der Partei ernennen. Hinzu kommen die Leitung des Nationalen Sicherheitsrats und zahlreiche Reformkommissionen; geht es doch darum, das „Riesenschiff China", als welches Mao das Land bereits bezeichnete, infolge niedriger wirtschaftlicher Wachstumsraten an die neue Lage anzupassen.

Im Lichte der zunehmenden Deglobalisierungstrends, die auch zur Wahl von US-Präsident Trump im November 2016 beitrugen, gewinnt China an Statur. Wenn Funktionäre der chinesischen Kommunistischen Partei der US-Delegation in einer Konferenz der G20 die Vorzüge des Freihandels erläutern müssen, dann ist zweifellos einiges im Umbruch befindlich.[41] Xis Vorstellungen von der „Schicksalsgemeinschaft" Chinas mit der Außenwelt erhält damit eine neue Bedeutung. Es war letztlich auch Xi, der am Weltwirtschaftsforum in Davos im Jänner 2017 unter wohlwollendem Bei-

[40] *ibid. Artikel von Welt Korrespondent Johnny Erling „Wie Xi Jingping zu Trumps mächtigstem Rivalen wird"*

[41] *So geschehen beim G20-Treffen in Baden Baden im März 2017; u. a. NZZ vom 18. 3. 2017 „America First" macht der G20 zu schaffen*

fall des Auditoriums für die Globalisierung warb und damit China zusehends als die Lokomotive für Freihandel und eine „harmonische Entwicklung zum Nutzen der Menschheit" positionierte, wie er in seiner Rede ausführte.[42] Diese Ausführungen verstehen sich als Fortsetzung der Rede anlässlich der 95-Jahr-Feier der Parteigründung am 1. Juli 2016. Damals verkündete Xi: „Chinas Kommunisten und das Volk sind sehr zuversichtlich, dass sie mit Chinas Plan zu einem besseren Sozialsystem für die Menschheit beitragen können." Im Mai 2017 schließlich hieß es auf einer Theoriekonferenz der Parteihochschule: „Chinas Plan" habe nicht nur „die internationale Bedeutung des chinesischen Weges verallgemeinert, sondern führt auch zu praktischen Projekten wie der Entwicklung der Seidenstraßen-Initiative und öffnet für China eine neue Ära seiner Globalisierung."[43]

Globalisierung hat immer wieder stattgefunden, denn Großreiche schaffen Handels- und Kulturräume, ob als Imperium Romanum, das die Mittelmeer-Zivilisation des mare nostrum schuf, oder in den nachfolgenden Epochen. Nach der Globalisierung unter den europäischen Kolonialmächten, wobei die Briten den Welthandel und die Industrialisierung aufbauten, Frankreich die Sprache, teils auch den Kodex beisteuerte und als Spätling unter den Kolonialmächten Deutschland die Infrastruktur in Gestalt der Eisenbahnen lieferte; erleben wir nun mit dem Ausklingen der US-bestimmten Ära der Globalisierung, die mit Containerfracht, der Dominanz der US-

[42] *https://www.weforum.org/agenda/2017/01/chinas-xi-jinping-at-davos-2017-top-quotes/ abgerufen am 15. 6. 2017 um 18:30*

[43] *https://www.welt.de/politik/ausland/article165514794/Wie-Xi-Jinping-zu-Trumps-maechtigstem-Rivalen-wird.html abgerufen am 14. 6. 2017 um 14:00*

Dollarwährung und der technischen Revolution des Internets die Welt prägte, den möglichen Beginn einer nächsten Phase.

Chinas aktuelle politische Führung ist fest entschlossen, an der Gestaltung der Globalisierung auf ihre Weise mitzuwirken. Die Seidenstraße, Investitionen über die Entwicklungsbank und das wachsende militärische Engagement Chinas, ob über Mitwirkung an UN-Missionen in Krisengebieten oder durch den Aufbau einer weltweit einsetzbaren Flotte und Präsenz im Weltraum sind die vielen praktischen Schritte, die Peking setzt, um diese von China bestimmte Ära der Globalisierung einzuleiten. Die Webseite des Parteiorgans der KP „Volkszeitung" formulierte es folgendermaßen: Es sei Maos marxistisches Verdienst gewesen, China „aufstehen zu lassen", Deng half, „es reich zu machen". „Xis Plan" ist, China zur Weltmacht und „stark zu machen".[44]

Am 30. Juli 2017 ließ der Präsident bei einer überraschend angesetzten Militärparade anlässlich des 90. Jubiläums der Volksbefreiungsarmee aufhorchen, denn demnach müsse das Militär in den Lage sein, einen Krieg zu führen, wenn „Partei und Volk es brauchen". Rund 40 Prozent der gezeigten Waffensysteme, so auch Modelle ballistischer Raketen für Atomschläge, waren noch nie zuvor öffentlich gezeigt worden und sorgten für Staunen unter militärischen Beobachtern. Die Marine ist der sichtbarste Beweis, wie intensiv die Modernisierung einer „Armee von Weltklasse" im Gange ist. So wirken moderne chinesische Kriegsschiffe bereits bei Patrouillen gegen Piraten am Horn von Afrika mit. Die erste Militärbasis Chinas im Ausland wird gegenwärtig im ostafrikanischen Dschibuti errichtet.

---

[44] *ibid. http://www.people.com.cn*

Vom chinesischen Paradoxon
und dem Risiko des Zerfalls

Der Plan steht also fest. Der Weg scheint auch vorgezeichnet. Doch Unwägbarkeiten sind nicht von der Hand zu weisen. Zwei wesentliche brisante Entwicklungen sollen näher beleuchtet werden.

Die erste Frage ist eine demographische: Die chinesische Bevölkerung vergreist bevor sie prosperiert. Dies hat es noch nie zuvor in der Geschichte gegeben. Denn meist wächst die Lebenswartung erst mit steigendem Einkommen. In China scheint es anders zu verlaufen. Die Menschen altern bevor sie reich werden. Diese als chinesisches Paradoxon bezeichnete Entwicklung fußt auf der 1979 verordneten Ein-Kind-Politik. Die Regierung versucht nun die Bremse zu ziehen, um dem zu erwartenden Pensionsknick, der Rentenkrisen in Europa alt aussehen lässt, in den Griff zu bekommen. Hinzu tritt noch ein weiteres Problem, das nun schon seine Folgen zeitigt: das wachsende Geschlechterungleichgewicht.[45] So stehen in manchen Regionen 115 Männer im heiratsfähigen Alter 100 Frauen gegenüber. Die Natur sieht bei der Geburt eine Balance von 103 männlichen Kindern zu 100 weiblichen Neugeborenen vor, da die Sterblichkeit unter jungen Burschen aufgrund ihrer höheren Risikobereitschaft, egal wo auf der Welt, größer ist. Bis zur Heiratsfähigkeit kommt es theoretisch zum zahlenmäßigen Gleichgewicht, außer weibliche Kinder werden vernichtet. Dann verschärft sich alles. Gewalt gegen Frauen bis hin zu Frauenraub und auch Viel-

---

[45] *Karin Kneissl, Testosteron Macht Politik. Wien 2012*

männerei sind Teil des chinesischen Alltags in manchen ländlichen Regionen.[46] Eine Möglichkeit, die Gefahr sozialer Unruhen hintanzuhalten, ist der Export junger Männer in die Minen und auf die Erdölfelder auf dem afrikanischen Kontinent.

Genau diesen Vorwurf erheben einige afrikanische Regierungen, dass nämlich China sein Problem arbeitsloser – ja teils überschüssiger – junger Männer löst, indem es diese als Arbeitsmannschaft für Investitionsprojekte exportiert. Dies hat dann u. a. zur Folge, dass entlang der Eisenbahntrassen, welche die chinesischen Baufirmen errichten, Vergewaltigungen in den Dörfern immer wieder von chinesischen Fremdarbeitern an den einheimischen Frauen begangen würden.[47] Diese Nachrichten ebenso wie die wachsende Konkurrenz chinesischer Ladenbesitzer sorgen für Unruhe und Konflikte.[48]

Die arbeitslosen Menschen daheim, v. a. die rund 400 Millionen Wanderarbeiter, bilden jedenfalls eine der vielen tickenden Zeitbomben. Denn mit dem Rückgang der produzierenden Industrie und dem Anstieg der Dienstleistungsgesellschaft ist für viele dieser Arbeiter ein Existenzverlust vorgezeichnet. Die meisten können nicht einmal mehr in ihre Dörfer auf dem Lande zurückkehren,

---

[46] *Zur möglichen Legalisierung der Vielmännerei, um soziale Unruhen infolge des Männerüberschusses zu vermeiden s. u. a. http://www.china-observer.de/index.php/2015/10/26/legalisierung-der-vielmannerei-in-china/ abgerufen am 20. 6. 17 um 21:00*

[47] *Gespräch mit Haleh Bridi, Weltbank, zuständig u. a. für Projekte in Sambia, im Herbst 2016.*

[48] *https://www.africaresearchinstitute.org/newsite/publications/between-extremes-china-and-africa/*

da viele Siedlungen dem Immobilienboom weichen mussten. Ein mögliches Heer an verzweifelten Arbeitslosen entsteht da und dort in China, genau darauf müssen die chinesischen Verantwortlichen achten. Die wirtschaftliche Erschließung des ländlichen und eher armen Westens Chinas über die Seidenstraße steuert genau diesem Problem entgegen. Das größte Infrastrukturprojekt der jüngeren Geschichte ist also nicht nur ein geopolitisches Unterfangen, wie anhand der nahöstlichen und afrikanischen Dimension dargestellt, sondern soll auch die soziale Frage abstützen.

Zwischen einem politisch frustrierten Mittelstand, der mehr Mitsprache einfordert, und einer Masse an zornigen Menschen, die nichts mehr zu verlieren haben, muss die Politik einen zuversichtlichen Kurs fahren, der handfeste Lösungen anbietet. Die wirtschaftliche Verbesserung des Lebensstandards von jedem Einzelnen ist zweifellos der sicherste Weg, um den sozialen Frieden aufrecht zu erhalten. Die gewachsenen Strukturen, wie die Familie, das Stadtviertel mit Nachbarschaftshilfe (Hutong) und vor allem die Dörfer, in welche die Menschen aus den Städten alljährlich zum chinesischen Neujahrsfest wieder heimreisen, sind teils schon zerbrochen oder jedenfalls verwundbar geworden. Die Kollektivierung der Gesellschaft hat ihre Tücken, das hat der Niedergang des Kommunismus in der Sowjetunion und in Mittel- und Osteuropa klar gezeigt.

Versorgte bis in die 1970er Jahre die Großfamilie die älteren Generationen, so führt das aktuelle Kippen der demografischen Pyramide zur Überlastung des Einzelkindes, wenn dieses im Erwerbsalter bis zu vier Ältere versorgen muss. China hat bereits die Doktrin der Ein-Kind-Politik gestoppt, zumal genau diese rigide Form der Geburtenkontrolle und staatlich verordneten Familienplanung nicht nur zu einer baldigen Rentnerkrise mit großer Altersarmut mangels verfügbarer Sozialversicherung führen wird. Pensionszahlungen erfolgen je nach Berufsbranche, aber vor allem im öffentlichen Sektor. Was als gesellschaftspolitisches Problem aber bereits akut ist, lässt sich an den Folgen des Ungleichgewichts der Geschlechter feststellen. Weibliche Neugeborene wurden in der Vergangenheit abgetrieben, um bei einem neuerlichen Versuch zum begehrten männlichen Nachkommen zu gelangen.

Mit der Entwicklung der Geschlechtsbestimmung über Ultraschall nahmen die Abtreibungen massiv zu. Auch Indien, wo keine staatliche Familienplanung (mehr) existiert, kennt diesen „gendercide", also die systematische und massive Tötung von weiblichen Föten. Neben Gewalt gegen Frauen ist ein ganz grundsätzlicher Anstieg der Kriminalität unter jungen Männern zu verzeichnen. Der chinesischen Führung sind diese vielen Verwerfungen bewusst. Ausländerinnen, vorzugsweise aus den Nachbarstaaten, wie Nordkorea, leistet sich ein kleiner Mittelstand. Reichere Chinesen lassen sich über Heiratsvermittlung russische Frauen als zukünftige Ehefrauen präsentieren. Genau dieser Trend wird von russischer Seite argwöhnisch beobachtet. In Russland herrscht ein Frauenüberschuss, der viele Ursachen hat, unter anderem die sinkende Lebenserwartung von Männern. Und China hat einen wachsenden Männerüberschuss, der teils in die chinesischen Einflusszonen in Afrika zum Arbeiten exportiert wird.

Die Sorge unter einigen Beobachtern ist auch da, dass die überzähligen jungen Männer als Kanonenfutter eines Tages in einen konventionellen Krieg geworfen werden könnten. Die chinesische Volksarmee verfügt über ein stehendes Heer von circa 2,3 Millionen Soldaten und bildet somit die größte Armee der Welt. Mit der Vergreisung der Gesellschaft und einer frustrierten männlichen Jugend wird sich die Volksrepublik China jedenfalls aus demografischen Gründen befassen müssen. Wie sich die Gesellschaft politisch weiter entwickelt, ob es zu einem Mehrparteiensystem je kommen kann, wie dies kurz Anfang 1989 bereits diskutiert wurde, ist ungewiss. Bislang ist es allen Unkenrufen zum Trotz der chinesischen Führung immer wieder gelungen, das große Schiff in neue Fahrrinnen zu steuern.

Wesentliche Bedrohungen für einen Staat kommen zumeist von innen, nicht von außen. Und dieses Problem beschäftigt Politiker wie den großen Sicherheitsapparat ganz allgemein. Es geht um das Risiko eines Staatenzerfalls. Genau dieses Thema griff der US-Nachrichtendienst im Jahr 2000 in einer Prognose auf. [49]

Diese Sorge Chinas um die territoriale Einheit ist nachvollziehbar angesichts der Tatsache, dass die Kontrolle über das gesamte Staatsgebiet erst 1949 mit der Gründung der Volksrepublik – Taiwan ausgenommen – wiederhergestellt war. Bedauerlicherweise lassen viele westliche Politiker das erforderliche historische Gespür vermissen, um die sensible Frage des Separatismus in China zu erfassen. Die Tibetfrage spielt eine stets prominente Rolle. Für Peking handelt es sich um eine Territorialfrage, für den Westen stehen Religionsfreiheit und andere Menschenrechte im Vordergrund. Mit dem allmählichen Rückzug des Dalai-Lama ist das Tibet-Dossier auch in den Hintergrund gerückt.

Das mögliche Risiko einer Desintegration Chinas - also eine Implosion im Stile der Balkanisierung, die Jugoslawien ab 1991 erfasste,

[49] *NIC 2000-02 Global Trends 2015: A Dialogue about the Future with Nongovernment Experts*
Der National Intelligence Council publiziert in regelmäßigen Intervallen die Studien zu „Global Trends".

oder der sogenannten Libanisierung des Iraks infolge der US-Invasion 2003 – findet sich in nachrichtendienstlichen Analysen der USA. Der im Dezember 2000 von CIA-Direktor George Tenet vorgelegte Bericht „Global Trends 2015" greift dieses Thema auf. Gemäß der Einschätzung vom Herbst 2000 schienen zwei Trends möglich: Entweder würde China aufgrund innerer Unruhen zerfallen oder China würde zu einer starken Wirtschaftsmacht mit politischen Ambitionen aufsteigen.[50] Letzteres ist eindeutig die aktuelle Entwicklung.

China hat zweifellos viele Klötze am Bein, welche zu politischen Problemen werden könnten. Für China gilt die soziale Frage, also die Kluft zwischen Arm und Reich, als wesentliche Klippe. Das ist aber kein spezifisch chinesisches Problem, vielmehr hängt genau daran die globale Sicherheit. Das Weltwirtschaftsforum von Davos verweist seit bald zehn Jahren in seinen Analysen regelmäßig auf die „income disparity", welche u. a. die Migration ob von Süden nach Norden oder innerhalb der EU von Ost nach West usw. beschleunigt.[51] Die Verschuldung, die unklare Situation im Finanzsektor, vor allem die sogenannten Schattenbanken und die enge Verfilzung zwischen Parteiapparat und Unternehmen sind nur einige der vielen Schwachpunkte, welche China noch gehörig ins Wanken bringen könnten.

Interessanterweise haben die Pessimisten in den letzten 15 Jahren mit ihren Prognosen zu China meist nicht Recht behalten. Die

[50] *NIC 2000-02 Global Trends 2015: A Dialogue about the Future with Nongovernment Experts*
Der National Intelligence Council publiziert in regelmäßigen Intervallen die Studien zu „Global Trends".

[51] *Karin Kneissl, Die Zersplitterte Welt – was von der Globalisierung bleibt. Wien 2013*

Kommunistische Partei mit ihren feinen Rädchen der vertikalen Entscheidung hat das Schiff jedes Mal noch neu auf Kurs gebracht. Der Juni 1989 und das Massaker am Tiananmen-Platz sind überwunden, wie die noch viel größeren Wunden aus der Kulturrevolution verheilt scheinen. China hat die Weltwirtschaftskrise, die 2007 startete, als Lokomotive hinter sich gebracht. Und auch der Einbruch von einem Wirtschaftswachstum von 14 Prozent auf unter zehn und weniger Prozent haben das Land nicht zurückgeworfen. 2009 hieß es noch, wenn das Wachstum nur mehr einstellig sei, würde es zur sozialen Revolte kommen, da nicht genug Arbeitsplätze geschaffen würden. Trotz gewisser Turbulenzen sorgten auch die Zinserhöhungen durch die US-Notenbank 2015 nicht für den Abzug von Auslandsinvestitionen, wie dies einige Skeptiker verkündeten.

China hat sich immer wieder neu erfunden. Musste China in den letzten Jahrzehnten auf globale Entwicklungen reagieren, sich anpassen und mittels „Versuch und Irrtum" dazulernen, so ist das China mit Stand Juli 2017 in der privilegierten Lage, den Takt zunehmend vorzugeben. Die stille Strebsamkeit von Präsident Xi Jinping und seines Kabinetts sowie der Gefolgsleute im Zentralkomitee der Kommunistischen Partei macht sich bezahlt. Als Fügung muss Peking wohl das offensichtliche Vakuum empfinden, das sich unter der Obama-Administration bereits anbahnte und nun mit der Präsidentschaft Trump verschärft. China rückt in dieses Vakuum ein und zeigt einen klaren Plan von wirtschaftlicher und politischer Dimension vor. Peking lädt andere Regierungen ein, sich daran zu beteiligen. Die EU gebärdet sich aber wieder einmal als Gouvernante, die China lieber maßregeln möchte und seine Moralvorstellungen anderen auferlegen will. Bloß lässt solches Verhalten die chinesische Regierung kalt.

Das Schlussdokument des Gipfels zur Eröffnung der Seidenstraße am 14./15. Mai wollte die EU nicht mittragen, zumal sich die chinesische Regierung weigerte, die EU-Forderungen nach Transparenz, Menschenrechten und sozialen Mindeststandards aufzunehmen. Die diversen Kriterienkataloge der Brüsseler Instanzen finden in China keine Beachtung mehr. Die Glaubwürdigkeit des institutionalisierten Europa leidet. Europa zeigt sich gerne als Inbegriff der Rechtsstaatlichkeit, denn die europäische Integration wurde auf Verträgen aufgebaut. Doch der alte Rechtsgrundsatz der Vertragssicherheit, also „pacta sunt servanda", hat seitens vieler EU-Mitgliedsstaaten an Bedeutung verloren. Dafür hat vor allem die deutsche Bundesregierung gesorgt, die neben den Euro-Rettungsprogrammen seit 2009, der einseitigen Aufhebung von Grenzkontrollen 2015 und den vielen anderen Alleingängen, von der Energiepolitik bis hin zur Außen- und Sicherheitspolitik, ihre europäischen Partner und auch Drittstaaten, wie China, vor den Kopf stößt.

Mangels einer gemeinsamen europäischen Position im Verhältnis zu Peking formulieren einige Staaten ihren bilateralen Kurs, das gilt für Ungarn und Tschechien, ebenso für Italien und Griechenland, die von chinesischen Zuwendungen abhängig sind. Die nachfolgenden Gedanken zu einem Umdenken im Umgang mit China lassen sich nur bedingt auf nationaler Ebene durchführen, zumal das EU-Korsett den Radius politischen Handelns stark einschränkt.

Empfehlungen ...

... für mögliche politische Maßnahmen in Österreich und eventuell auf europäischer Ebene

1. Geopolitisches Denken und Handeln war noch nie die Stärke in der EU. Es ist an der Zeit, sich mit Geographie und anderen Wissenschaften wieder zu befassen. Geographie und Biologie sind nicht Konstrukte, die es zu zerlegen gilt, wie dies seit 1968 zunehmend im Bildungssektor praktiziert wird. Geschichtsgrundlagen, frei von ideologischer Verbrämung, sollten an Österreichs Schulen wieder gelehrt und entsprechend erfasst werden. Regierungen gehen, aber die Geographie besteht. Dazu gehört für Europa die geographische, historische und zunehmend demographische Nähe des Nahen Ostens, der auch Nordafrika umfasst. Hier China einrücken zu lassen, bedeutet eine Schwächung Europas auf allen Ebenen.

2. Darauf zu warten, dass innenpolitische Probleme dem Machthunger Chinas eventuell einen Dämpfer versetzen könnten, ist jedenfalls keine Strategie, um mit Chinas wachsendem Einfluss umzugehen. Sich auf die chinesische Hegemonie einzustellen, glaubwürdige Positionen aufzubauen und durchzuhalten ist das Gebot der Stunde für die stark geschwächte EU und ihre Mitgliedsstaaten gleichermaßen. Mangels einer gemeinsamen EU-Linie kristallisieren sich ohnehin die bilateralen Antworten heraus. Österreich hinkt hier seinen Nachbarn Ungarn, Italien und

Tschechien hinterher. In Wien hat man bislang nicht begriffen, was auf dem Spiel steht. Die Schweiz hingegen als Nicht-EU-Staat verzeichnet dank ihres Freihandelsabkommens mit China derzeit ein starkes Wirtschaftswachstum.

3. Junge Menschen, die eine weiterführende Ausbildung planen, sollten ihr Auslandsjahr eher in China als im angelsächsischen Raum machen. So wichtig Englisch als lingua franca ist, viel entscheidender für die nachfolgenden Generationen wird sein, ob man zu irgendeinem Zeitpunkt gelernt hat, mit jenen Mentalitäten umzugehen, die zukünftig das Wirtschaftstreiben und die internationalen Beziehungen bestimmen werden.

4. Gutes Benehmen ist die halbe Miete in internationalen wie in persönlichen Beziehungen. Dazu gehören Diskretion, eine Sprache, die den Dialog zulässt, und letztlich der Respekt für den Anderen. Auf EU- wie nationaler Ebene ist es hoch an der Zeit, sich vom Moralismus zu verabschieden. Dieser mag noch gegenüber EU-Beitrittskandidaten wirken, ist aber im Verhältnis zu China völlig fehl am Platz und könnte zu nachhaltigen Verstimmungen führen.

Als Schlusswort sei Chou Enlai, Premier unter Mao, zitiert. Auf die Frage, wie er denn die Französische Revolution beurteile, soll seine Antwort gelautet haben: „Es ist noch viel zu früh, darüber nachzudenken." Die aktuellen geopolitischen Umbrüche werden sich auch erst im Rückspiegel der Geschichtsschreibung in all ihren Auswirkungen erklären lassen; wenn überhaupt. Chinas Aufstieg aber nicht wahrhaben zu wollen, wie dies in vielen Brüsseler Instanzen der Fall ist, werden vielleicht schon die Zeitgenossen, jedenfalls zukünftige Historiker, als gefährliche und dumme Realitätsverweigerung einstufen. Denn die Wachablöse der transatlantischen Weltordnung ist bereits seit Jahren im Gange.

Autorin

Foto: Georg Pichler

Dr. Karin Kneissl, Studium der Rechtswissenschaften und Arabistik an der Universität Wien. Abschluss mit Magister iuris und Diplom der Vereinten Nationen in Arabisch. Postgraduale Studien an der Hebräischen Universität von Jerusalem/Israel in internationalen Beziehungen und an der Universität Urbino/Italien in Europarecht. Georgetown/USA Fellow am Center for Contemporary Arab Studies mit einem Stipendium der Fulbright Kommission. Vorlage der Dissertation in Völkerrecht über den Grenzbegriff der Konfliktparteien im Nahen Osten im September 1992 an der Universität Wien. Ecole Nationale d'Administration ENA Paris/Frankreich (Promotion Gambetta). Abschluss mit dem Diplom der ENA für den cycle international.

Acht Jahre im diplomatischen Dienst der Republik Österreich, u. a. in der Politischen Sektion, Völkerrechtsbüro und im Kabinett des Bundesministers. Auf Auslandsposten in Paris und Madrid.

Seit 1998 freischaffend tätig in der Lehre und Analyse u. a. als unabhängige Korrespondentin für Printmedien im deutschsprachigen Raum und Lehrbeauftragte an der Universität Wien, der Diplomatischen Akademie Wien, an der European Business School/Rheingau, dem Centre International des Sciences de l'Homme Byblos/Libanon, Université Saint Joseph Beirut, Landesverteidigungsakademie und Militärakademie.

Publikationen im Bereich Energiepolitik und internationale Beziehungen, u. a. sieben Bücher. Zuletzt erschienen: „Testosteron Macht Politik" 2012, „Die Zersplitterte Welt – was von der Globalisierung bleibt" 2013, „Mein Naher Osten" 2014; „Prinz Eugen – vom Außenseiter zum Genie Europas" 2014.

Verwendete und weiterführende Literatur

Brautigam, Deborah: The Dragon's Gift: The Real Story of China in Africa, Oxford 2009

Engel, Jeffrey A. (Hg.): The China Diary of George H. W. Bush: The Making of a Global President, Princeton 2008

Kissinger, Henry: China - zwischen Tradition und Herausforderung, München 2011

Kneissl, Karin: Die Zersplitterte Welt - was von der Globalisierung bleibt, Wien 2013

Nguyen, Eric: Les relations Chine-Afrique, Quercy 2009

Richthofen, Ferdinand, Freiherr von: China, Ergebnisse eigener Reisen. Fünf Bände, Berlin 1882

Spence, Jonathan D.: The Search for Modern China, New York City 2013 (3. Auflage)

Frank&Frei

IMPRESSUM

Karin Kneissl

WACHABLÖSE
Auf dem Weg in eine chinesische Weltordnung

Verlag Frank&Frei, Wien 2017
1. Auflage

Buchgestaltung & Satz: derkapazunder.at | Hans Purker
Titelfoto: Chainat | Dreamstime
ISBN: 978-3-9504348-4-2

Gedruckt in Österreich

Andreas Unterberger

Zwischen Lügenpresse und Fake News
Verlag Frank&Frei, 2017
140 Seiten, 9,90 €
ISBN: 9783950408164

„Wahrheitsgetreue, objektive Berichterstattung in Medien ist in einer Demokratie nie durch die Obrigkeit durchsetzbar. Entscheidend kann immer nur das Vertrauen der Bürger in die Verlässlichkeit und Sorgfalt jedes einzelnen Mediums sein. Dieses aber haben viele alte wie neue Medien in einem sehr hohen Ausmaß verspielt."
Andreas Unterberger

Christoph Braunschweig, Bernhard Pichler,
Rodion Giniyatullin, Thomas A. Geks

Deutschland entgleist
Wie sich eine Gesellschaft selbst ruiniert
Verlag Frank&Frei, 2017
205 Seiten, 14,90 €
ISBN: 9783950434835

„In Deutschland herrschen die politisch-medialen Herrschaftscliquen
fast diktatorisch, nachdem sie einen Quasi-Staatsstreich von oben
durchgestochen haben. Dieses Land hat in den letzten Jahren seine
demokratische Grundsubstanz verloren.“

Braunschweig, Pichler, Giniyatullin, Geks

Christian Günther l Werner Reichel (Hg.)

Genderismus
Der Masterplan für die geschlechtslose Gesellschaft
Verlag Frank&Frei, zweite erweiterte Auflage, 2017
228 Seiten, 19,00 €
ISBN: 9783950434828

„Heute erleben wir mit dem Genderismus den letzten Versuch des Sozialismus, die Illusion vom ‚neuen Menschen‘ aufrecht zu erhalten.“
Wolfgang Leisenberg